성공적인 SNS 마케팅 비법

매출을 확실하게 올려주는
마케팅 바이블

Marketing Bible

이기용 지음

마케팅 바이블

:: 유행 채널이 아닌 나에게 딱 맞는 마케팅 채널 활용하기 ::

강의를 다니다 보면 가장 많이 받는 질문 중 하나가 '요즘은 마케팅을 뭘 해야 하나요?'
이다. '요즘은?' 이 단어에 고개를 갸우뚱하게 된다. 자신이 어떤 제품을 판매하는지, 어떤
서비스를 제공하는지에 따라 효과 있는 채널들이 모두 다른데, 지금 유행하는 마케팅 채널
을 활용하려고만 한다.

마케팅을 시작하는 사람들이 초기에 가장 많이 하는 실수 중 하나가 바로 이것이다. 주
변 사람들에게 무슨 마케팅을 해야 하냐고 물어보다가 '아직은 블로그지.'라는 말을 듣고
블로그를 해 보다가 안 되면 다시 주변사람들에게 물어보고 '요즘은 인스타그램이지.'라는
말을 들으면 인스타그램을 해 본다. 이것도 안 되면 다시 요즘 대세인 SNS가 무엇인지 물
어보고 아무런 배경 지식도 없이 유튜브를 시작했다가 실패한다.

소상공인들이나 이제 막 마케팅을 시작하는 사람들이 유행하는 마케팅 채널만 따라가는
것이 아니라 진짜 효과적인 채널을 활용하여 성공적인 마케팅이 이루어졌으면 하는 바람
에서 이 책을 쓰게 되었다.

이 책은 각 채널별 특징들을 이해하고 나에게 어떤 마케팅 채널이 적합한지 확인한 후
효과적으로 활용하는 방법을 다룬다. 마케팅을 해야 하는데 어디에서부터 어디까지 해야
할지, 무엇부터 시작해야 할지 모르는 사람들에게 어두운 밤, 바다 위 떠 있는 배들에게 길
을 안내하는 등대처럼 마케팅의 방향을 잡아줄 것이다.

저자 이기용

목차

● ● ●

PART 02

내 마케팅 채널로
사람들을
유입시키자

● ● ●

PART 03

내 제품과
브랜드로 고객의
신뢰를 얻자

PART 01

마케팅 중심
채널을
세팅하자

상품이나 서비스 홍보를 위해 다양한 마케팅 채널을 활용할 때 허브 역할을 해주는 중심 채널 없이 여러 가지 마케팅 채널들을 각각 운영하면 고객들을 잡지 못하고 시간과 비용만 낭비하게 되는 경우가 많다. 이런 시행착오를 방지하기 위해서 내 콘텐츠를 어떻게 전달하고, 어느 채널에 집중할 것인지 미리 파악해야 한다. 나에게 맞는 채널을 선정하여 중심 채널로 하고, 다른 채널들도 함께 활용해야만 잠재고객들을 끌어들여 효율적인 마케팅을 할 수 있다.

CHAPTER

01

자신에게 맞는 옷을 입어라

마케팅에서 가장 많이 하는 실수 중 하나가 내 제품에 대한 고려 없이 유행하고 있는 채널을 활용하여 마케팅을 하는 것이다. 유행하는 채널이니 많은 사람들이 몰려 당연히 내 제품이나 서비스를 홍보하는 데 도움이 될 것이라고 생각할 수도 있지만, 각 채널을 사용하는 이유나 연령대가 다르기 때문에 내 제품이나 서비스를 접하더라도 관심을 갖지 않을 수도 있다. 특히 온라인 마케팅에서는 나한테 맞는 채널을 공략해야 더 효율적으로 홍보가 가능하기 때문에 이번 장에서는 나에게 맞는 채널을 먼저 알아보도록 하겠다.

●●● 나에게 맞는 온드 미디어를 찾아라

온드 미디어(Owned Media)란 마케팅을 위해 회사에서 사용되는 미디어들을 뜻한다. 각 브랜드가 보유하고 있는 미디어로, 오프라인에서는 '매장'이, 온라인에서는 '홈페이지,

쇼핑몰, 브랜드 블로그, 브랜드 인스타그램, 페이스북 페이지 등'이 온드 미디어이다.

마케팅을 처음 시작하는 사람들이 가장 먼저 시작하는 온드 미디어는 주로 '블로그, 인스타그램, 페이스북'이다. 쉽게 접근할 수 있고, 단시간에 성과를 올릴 수 있다는 생각에 시작하는 마케팅 미디어들이다. 하지만 아무리 효과가 좋은 온드 미디어라 할지라도 접근 방법이 잘못되면 마케팅에 성공할 수 없다. 예를 들어 오프라인 온드 미디어인 매장을 오픈하려고 할 때 무작정 아무 데나 매장을 오픈하는가? 절대 아니다. 매장의 주 고객층, 지역 상권, 유동 인구 등을 확인하고 분석한 후 매장을 오픈한다. 온라인 온드 미디어도 마찬가지다. 어떤 사람들이 주로 활용하는 미디어인지, 어떤 콘텐츠에 효율적으로 활용되는 미디어인지에 따라 집중해야 하는 중심 미디어를 선택해야 한다.

요즘 주목받는 SNS 채널 중 하나를 꼽으라면 단연 유튜브이다. 다음 그림은 디지털 광고 전문기업 '인크로스'에서 분석한 가장 긴 시간 체류하는 모바일 앱에 대한 결과다. 모바일 앱 중 유튜브가 1019.4분으로 가장 길었으며, 전년 대비 평균 체류시간 504.8분보다 2배가량 증가한 수치다.

▲ 가장 긴 시간 체류하는 모바일 앱

이런 흐름에 맞춰 유튜브 영상을 제작하는 사람들이 늘고 있다. 하지만 유튜브는 마케팅을 처음 하는 사람들에게 가장 어려운 채널이다. 영상 콘텐츠를 만들기도 어렵지만, 어렵게 만든 영상을 사람들이 소비할 확률이 지극히 낮기 때문이다. 다시 말하면 시간투자 대비 효율이 낮다는 것이다. 물론 자신만의 차별화된 콘텐츠가 있다면 유튜브만큼 효과 좋은 채널이 없겠지만, 보통은 그렇지 못하기 때문에 어려운 것이다.

우리가 보고 싶은 TV 프로그램을 골라 시청하는 것처럼 유튜브도 보고 싶은 영상들만 골라 소비할 뿐 내가 영상을 올린다고 해서 무조건 모든 사람들이 시청하는 것이 아니기 때문이다.

자료 : 디지털 광고 전문기업 인크로스

▲ 유튜브에서 많이 조회된 콘텐츠 유형

최근 1년간 유튜브에서 가장 많이 조회된 콘텐츠 유형은 '커버'가 8,198만 회로 가장 많았고 'ASMR' 3,210만 회, 'how to' 1,322만 회, 'OOTD(Outfit of The Day)' 1,135만 회, '먹방' 1,080만 회 순이다. '커버'는 유명 노래나 춤을 자기만의 방식으로 소화한 콘텐츠이고, 'ASMR'은 청각을 기분 좋게 자극하는 소리 콘텐츠이다. 또, 'OOTD'는 오늘 내가 입은 패션을 소개하는 콘텐츠를 의미한다. 이와 같이 유튜브에서 많이 조회된 콘텐츠 유형이 집계된다는 것은 사람들이 유튜브에 영상이 올라왔다고 무조건 보는 것이 아니라 목적이 확실한 콘텐츠들을 골라 소비한다는 것을 알 수 있다. 만약 여러분이 만들고자 하는 콘텐츠가 가장 많이 조회되는 유형의 콘텐츠가 아니라면 과감하게 포기하는 것이 마케팅 효율을 높이는 방법이다.

무분별하게 다양한 채널들을 운영하면서 시간을 비효율적으로 쓰는 것보다는 내 제품이나 서비스가 위치 기반인지, 배송 기반인지 등을 생각하고 거기에 맞는 중심채널을 선정해 해당하는 채널들을 활용하는 것이 좋다.

나에게 맞는 마케팅 채널 찾기

다음 질문의 예를 참조하여 나에게 맞는 마케팅 채널을 찾아보자!

1. 내가 마케팅을 하려고 하는 것은 위치 기반의 서비스인가? 제품 기반인가?

예 1) 위치 기반의 서비스　　2) 제품 기반의 서비스

- 위치 기반이라면 지도 체크!
- 제품 기반이라면 제품을 살 수 있는 곳 체크!

2. 내가 주 타깃으로 잡고 있는 연령대는 어떻게 되는가?

예 1) 예비신부　　2) 2~30대 여성

- 주 타깃인 연령대가 많이 활용하는 SNS 채널을 찾아라
- 타깃에 맞는 콘텐츠를 제작하라

3. 동종업종의 브랜드 중에서 가장 유명한 브랜드는 어디인가?

예 1) 약손명가　　2) 아모레퍼시픽

- 유명한 곳이 마케팅 활용하는 채널들을 찾아라!
- 유명한 곳은 어떤 콘셉트와 스토리를 가지고 가는가?
- 유명한 곳은 어떤 키워드들을 주로 활용하고 있는가?

4. 동종업종의 브랜드 중에서 따라하고 싶은 브랜드는 어디인가?

예 1) 에스테티아　　2) 애플린

- 따라하고 싶은 이유는?
- 따라하고 싶은 브랜드는 어떤 마케팅 채널을 활용하는가?
- 따라하고 싶은 브랜드는 어떤 콘셉트를 주로 활용하는가?
- 따라하고 싶은 브랜드는 어떤 키워드들을 활용하는가?

5. 내 브랜드 검색 시에 나오는 정보들은 어떻게 되는가?

예 1) 내 브랜드를 검색하면 다른 업종의 업체가 나옴
　　 2) 내 브랜드를 검색하면 다른 회사가 나옴

- 네이버에서 내 브랜드를 검색하면 내 브랜드에 대한 정보만 나오는가?
- 내가 집중하고 싶은 채널에서 내 브랜드를 검색하면 어떤 정보들이 나오는가?

예시 1

- 위치 기반의 서비스면 우리 업체가 지도 등에서 잘 노출 중인지 확인한다.
  ➡ Chapter 02. 위치 기반인 서비스의 기본! 플레이스 세팅하기(p.14)를 참고한다.

- 예비신부들이 어떤 채널을 많이 활용할 것 같은지 확인한다.
- 약손명가, 에스테티아 SNS 채널들을 보면서 어떤 채널을 많이 활용하는지 본다.
- 약손명가, 에스테티아를 검색해보고 어떤 키워드들을 많이 활용하는지 본다.
  ➡ Chapter 03. 키워드 이해하고 인플루언서 제대로 활용하기(p.166)를 참고한다.

- 브랜드정리를 어떻게 할지 확인한다.
  ➡ 인플루언서 마케팅, 어떤 것들이 있을까?(p.142)를 참고한다.
  ➡ ④ 상품 또는 브랜드명은 필수로 제시(p.161)을 참고한다.

예시 2

- 제품 기반의 서비스이면 내 제품을 어디서 살 수 있게 할 것 인지를 먼저 체크한다.
  ➡ Chapter 03. 제품 기반은 쇼핑몰이 기본?(p.33)을 참고한다.

- 2~30대 여성들이 어떤 채널을 많이 활용할 것 같은지 확인한다.
- 아모레퍼시픽, 애플린 SNS채널들을 보면서 어떤 채널을 많이 활용하는지 본다.
- 아모레퍼시픽, 애플린을 검색해보고 어떤 키워드들을 많이 활용하는지 본다.
  ➡ Chapter 03. 키워드 이해하고 인플루언서 제대로 활용하기(p.166)를 참고한다.

- 브랜드정리를 어떻게 할지 확인한다.
  ➡ 인플루언서 마케팅, 어떤 것들이 있을까?(p.142)를 참고한다.
  ➡ ④ 상품 또는 브랜드명은 필수로 제시(p.161)를 참고한다.

CHAPTER
02

위치 기반 서비스의 기본! 플레이스 세팅하기

나에게 적합한 마케팅 채널을 선정했다면 가장 먼저 해야 할 일은 지도 등록이다. 포털, 유튜브, 페이스북 파워 페이지, 인스타그램 등 다양한 채널에서 내 서비스를 보고 관심이 생겨 검색해 보거나 직접 찾아오기 위해서는 포털에서 지도 검색을 하기 때문이다. 위치 기반인 경우 홈페이지보다 지도 등록이 훨씬 더 중요하다. 이번 장에서는 네이버, 다음, 구글에서 검색 시 우리 업체가 나올 수 있도록 플레이스에 등록하는 방법을 알아보고, 키워드를 어떻게 사용해야 매출에 도움이 되는지 알아보도록 하자.

●●● 플레이스 서비스는 기본 중의 기본

위치를 기반으로 하는 음식점, 카페, 학원, 에스테틱샵 등은 지도 서비스 등록이 필수다. 요즘 네이버에서 '강남맛집'을 검색하면 모바일에서는 통합 검색 가장 상단에 플레이스가 노출되고 있고, PC에서도 파워링크 바로 아래인 두 번째에 플레이스가 노출되고 있다. 네이버에서도 플레이스를 선호하고 많이 사용하고 있다고 판단하여 다른 영역보다 상위에 노출하고 있는 것이다.

▲ 모바일에서 '강남맛집' 검색 시 '통합검색' 영역

▲ PC에서 '강남맛집' 검색 시 '플레이스' 영역

'일산명함', '통영영어학원'을 검색해보자. '강남맛집'과 마찬가지로 통합검색에서 파워링크 바로 아래에 플레이스가 노출된다. 위치와 관련된 키워드는 어떤 키워드라 하더라도 플레이스 영역이 상단에 위치하는 것을 볼 수 있다. 그만큼 플레이스 영역이 중요해진 것이다.

▲ 모바일에서 '일산명함' 검색 시 '플레이스' 영역　　　▲ 모바일에서 '통영영어학원' 검색 시 '플레이스' 영역

블로그나 페이스북, 인스타그램이 꾸준히 콘텐츠를 업로드하여 사람들에게 자신의 브랜드를 접하도록 해야 하는 것과는 달리 플레이스는 한 번만 등록해 두면 꾸준히 브랜드 정보를 접하도록 할 수 있다.

뿐만 아니라 플레이스에 등록하는 것만으로도 브랜드명이나 상호를 검색할 때 양질의 정보를 제공할 수 있다. 예를 들어 '여수맛집'을 검색하여 통합검색에서 '닭익는마을 여천점'을 확인하고, 보다 자세한 정보를 얻기 위해 '닭익는마을 여천점'을 검색했을 때 플레이스 영역에서 매장에 대한 양질의 정보를 제공하게 되면 효율적인 마케팅 채널이 될 수 있다. 따라서 오프라인 매장이 있다면 큰 노력을 들이지 않아도 큰 효과를 얻을 수 있는 플레이스 등록은 반드시 해야 한다.

▲ '닭익는마을 여천점' 플레이스 검색 결과

●●● 플레이스 등록하기

지도 등록 서비스는 네이버뿐만 아니라 '다음', '구글'에서도 서비스하고 있으므로 세 곳 모두 등록해야 한다. 네이버가 포털 사이트 중 점유율이 가장 높기는 하지만 지도를 등록하는 데 많은 시간과 노력이 필요하지 않으므로 다음과 구글에도 등록하는 것이 좋다. 일반적으로 지도의 등록과 수정은 각 포털 사이트에서 가능하며, 업종마다 추가로 필요한 서류가 있을 수 있지만 대부분은 사업자등록증만 있으면 쉽게 등록이 가능하다.

네이버(NAVER)

네이버는 검색어 입력창에 '네이버지도등록'을 검색하여 검색결과에 나타난 '네이버 스마트 플레이스'를 클릭하여 지도 등록 및 수정이 가능하다. 업데이트에 따라 서비스 이름이 변경되기도 하지만 '네이버지도등록'으로 검색하면 대부분 해당 서비스 이름이 표시된다.

네이버에서 지도를 등록하는 방법은 다음과 같다.

❶ [네이버 스마트플레이스]를 클릭하여 접속한다.

❷ 네이버 아이디로 로그인한다.

❸ [신규등록] 메뉴를 클릭한다.

❹ 업체명, 전화번호, 주소, 업종을 쓰고 등록 내역 조회를 한다.

❺ 필수 정보, 상세 정보를 입력하면 등록 신청이 완료된다.

다음(DAUM)

다음은 검색어 입력창에 '다음지도등록'을 검색하여 '통합검색'에 나오는 'Daum 검색등록'을 클릭하여 등록 가능하다. 운영하는 사이트가 있는 경우 사이트 등록과 지역 정보를 함께 등록하면 되고, 사이트가 이미 등록된 경우 지역 정보만 별도로 등록하면 된다.

다음에서 지도를 등록하는 방법은 다음과 같다.

❶ [Daum 검색등록]을 클릭하여 접속한다.

❷ [지역정보]를 클릭한다.

❸ 대표전화번호를 입력한 후 [확인]을 클릭한다.

❹ 개인정보제공 동의, 등록 정보를 입력하면 등록 신청이 완료된다.

구글(Google)

구글은 '구글 마이비즈니스'를 검색하면 나오는 'Google 마이 비즈니스'에서 등록할 수 있다.

구글에서 지도를 등록하는 방법은 다음과 같다.

❶ 구글 마이 비즈니스에 접속한다.

❷ 구글 아이디로 로그인한다.

❸ [지금 관리하기]를 클릭한다.

❹ 비즈니스 이름을 입력한다.

❺ '매장이나 사무실처럼 고객이 있는 위치를 추가하시겠습니까'에서 [예]를 클릭한다.

❻ 주소를 입력한다.

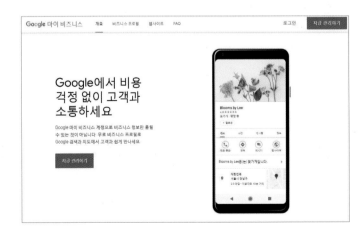

●●● 플레이스 상위 노출의 핵심 대표 키워드

네이버에서 키워드를 검색할 때 각 영역별 노출 순위가 중요한 것처럼 플레이스 영역에서도 노출 순위가 중요하다. 플레이스 상위 노출을 위해서는 플레이스 등록 시 필수로 체크해야 할 내용들이 있다. 예를 들어 '일산제본'을 검색했을 때 플레이스 영역의 가장 상위에 '킨코스코리아 일산센터'가 있다. '킨코스코리아 일산센터'를 클릭해서 확인해보면 '대표 키워드' 메뉴가 눈에 띈다. 대표 키워드로 '컬러흑백출력', '제본', '팜플렛', '제안서', '명함'을 입력해 놓았다. 플레이스는 대표 키워드에 있는 키워드와 주소가 조합되어 노출 결과에 반영되므로 대표 키워드를 잘 선정해 추가하는 것이 좋다. 대표 키워드는 최대 5개까지 넣을 수 있으므로 5개 모두 넣어서 검색 효율을 높이는 것이 좋다.

▲ '일산제본' 키워드 검색 시 플레이스 영역

▲ '일산제본' 키워드 검색 시 플레이스 1위의 키워드

플레이스에서 대표 키워드의 중요성을 알려주는 또 다른 예를 보자. 네이버에서 '서현필라테스'를 검색하면 플레이스 영역에 다음과 같이 노출된다.

▲ '서현필라테스' 키워드의 플레이스 검색 결과

▲ '서현필라테스' 검색 시 플레이스 5위 업체의 키워드

다섯 번째에 있는 플레이스를 클릭해 보면 대표 키워드 5개 중 가장 치음 표시되는 것이 '서현필라테스'인 것을 확인할 수 있다 대표 키워드 5개를 좀 더 살펴보면 '서현필라테스', '분당필라테스', '서현플라잉요가', '분당기구필라테스', '웨이브필라테스'가 들어가 있다. 대표 키워드 중 하나인 '서현플라잉요가'를 검색하면 어떻게 될까? 가장 상위에 노출되지는 않지만 플레이스 2번째에 노출되는 것을 확인할 수 있다. 이처럼 대표 키워드에 들어가는 5가지 키워드는 노출 순위에 매우 중요한 역할을 한다.

●●● 나에게 맞는 대표 키워드 선정하기

위치 기반인 경우 키워드로 검색하고 자세한 내용은 지도에서 확인하는 경우가 많다. 따라서 지도에서는 양질의 정보를 제공해야 하고 적절한 키워드를 사용해야 한다. 키워드는 5개까지 설정할 수 있으므로 지도가 노출되는 데 도움이 되는 키워드는 어떤 것인지 알아보도록 하자.

키워드를 중복으로 넣지 마라

네이버에서 '동탄아동미술'을 검색하면 플레이스에 다음과 같은 순서로 노출이 된다.

▲ '동탄아동미술' 키워드 검색 시 플레이스 영역

▲ '동탄아동미술' 검색 시 플레이스 2위 업체의 키워드

이 중 두 번째에 있는 '미술로생각하기 화성동탄센터'를 클릭하면 대표 키워드에 '아동미술'이 있는 것을 확인할 수 있다. 주소에 있는 '동탄'과 대표 키워드에 있는 '아동미술'이 조합되어 '동탄아동미술'을 검색했을 때 노출된 것임을 유추할 수 있다. 나머지 4개의 대표 키워드를 살펴보면 아쉬운 점을 하나 발견할 수 있다. '동탄아동미술, 퍼포먼스미술, 창의력미술, 동탄미술'이 키워드로 들어가 있는데 대표 키워드에 아동미술만 있어도 주소에 동탄이 들어 있기 때문에 자동으로 조합되어 노출되는데, 굳이 '동탄아동미술'을 써 넣어 5개밖에 넣을 수 없는 대표 키워드를 낭비한 셈이다. 키워드 개수가 한정되어 있으니 중복하여 넣지 않는 것이 좋다.

브랜드명(상호)을 넣지 말아라

네이버지도는 주소와 대표 키워드 등의 조합으로 노출되지만 가장 기본은 '상호'다. 상호에 들어간 정보가 가장 우선시되므로, 대표 키워드에 브랜드명(상호)을 한 번 더 넣지 않아도 된다.

사람들이 찾는 키워드를 활용하라

다음 그림을 보자. '동탄유아미술' 키워드는 한 달에 네이버에서 검색하는 조회 수가 PC 10회, 모바일 50회이고, '화성유아미술' 키워드는 한 달에 네이버에서 검색하는 조회 수가 PC 10회 미만, 모바일 10회 미만이며, '화성아동미술' 키워드는 한 달에 네이버에서 검색하는 조회 수가 PC 10회 미만, 모바일 10회 미만이다. 또, '동탄아동미술' 키워드도 사람들이

▲ 상호와 대표 키워드가 중복된 경우

한 달에 네이버에서 검색하는 검색 수가 PC 10회 미만, 모바일 10회 미만으로 사람들이 거의 찾지 않는 것을 알 수 있다.

연관키워드 ⑦	월간검색수 ⑦	
	PC	모바일
동탄유아미술	10	50
화성유아미술	< 10	< 10
화성아동미술 적은검색량	< 10	< 10
동탄아동미술	< 10	< 10

▲ '동탄유아미술, 화성유아미술', '화성아동미술', '동탄아동미술' 키워드 월간 검색 수

하지만 '화성미술학원' 키워드는 한 달에 네이버에서 검색하는 검색 수가 PC 10회, 모바일 70회이고, '동탄미술학원' 키워드는 한 달에 네이버에서 검색하는 검색 수가 PC 1,180회, 모바일 1,010회로 다른 키워드보다 많이 검색하는 것을 알 수 있다.

연관키워드 ⑦	월간검색수 ⑦	
	PC	모바일
화성미술학원	10	70
동탄미술학원	1,180	1,010

▲ '화성미술학원', '동탄미술학원' 키워드 월간 검색 수

물론 '화성미술학원'과 '동탄미술학원' 대표 키워드 중 미술학원 하나만 활용해도 되기 때문에, 활용할만한 대표 키워드가 없다면 4개 중 2개를 '유아미술'과 '아동미술'로 지정하여 이 정도 숫자라도 잡는 것도 좋다.

다른 브랜드를 벤치마킹하라

대표 키워드를 만들 때 겹치는 키워드나 브랜드를 빼고 나면 5개를 넣는 게 어려울 수도 있다. 이때는 유사한 브랜드가 대표 키워드를 어떤 것을 활용했는지 확인하고 나에게 적용하면 된다. '동탄미술학원' 키워드로 검색했을 때 상위에 노출된 '아트앤하트 풍림아이원교육원'의 대표 키워드이다. '초등미술, 유아미술, 아동미술, 미술홈스쿨, 심리미술'을 대표 키워드로 사용하고 있다. 나에게 해당되는 키워드라면 벤치마킹하여 입력해도 좋다.

▲ '동탄미술학원' 키워드 검색 시 5위 업체의 대표 키워드

●●● 대표 키워드 수정하기

플레이스에 등록된 대표 키워드는 언제든 수정이 가능하다. 사용하는 네이버 아이디가 권한을 가지고 있다면 바로 수정이 가능하고, 그렇지 않은 경우에는 권한을 받아서 수정하면 된다.

플레이스 대표 키워드를 수정하려면 먼저 네이버에 로그인을 하고 [네이버 스마트플레이스 접속]–[조회 관리]–[조회]를 클릭한다.

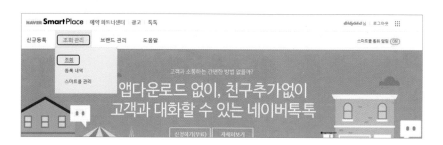

업체명과 전화번호, 주소 등을 입력하고 [네이버에 이미 등록된 업체인지 확인해 보세요]를 클릭하면 세 가지 화면 중 하나가 나타난다.

① 아직 업체 등록이 되어 있지 않은 경우

[네이버에 등록된 업체가 없습니다. 등록 진행하기]를 클릭하여 대표 키워드를 입력한 후 플레이스를 등록하면 된다.

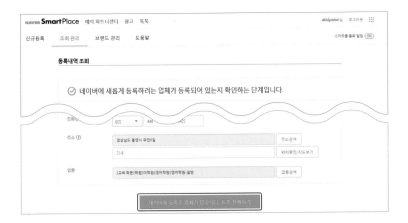

② 업체 등록이 되어 있는 경우

오른쪽 하단의 [수정], [삭제], [관리 권한 위임] 버튼이 나타나면 [수정]을 클릭해 대표 키워드를 수정하고 부족한 부분들을 채워 넣는다.

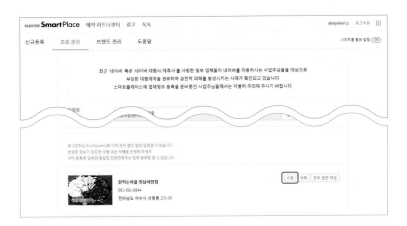

③ [관리자 권한 교체], [삭제 요청] 버튼이 나오는 경우

관리자 권한 교체를 눌러 권한 교체 신청을 할 수 있다. 현재 입력된 대표 전화번호로 권한 확인 전화가 오고 절차가 승인되면 권한이 주어진다. 관리자 권한이 주어지면 수정 가능하다.

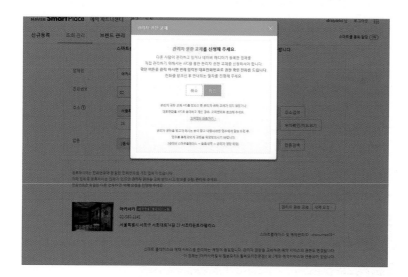

관리자 권한을 받았다면, 대표 키워드 입력란에 대표 키워드를 입력하면 된다.

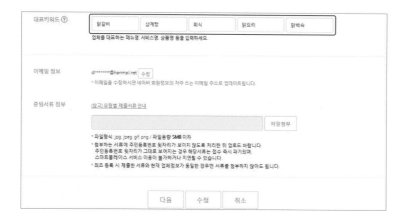

●●● 네이버 예약과 리뷰를 적극 활용하라

대표 키워드 5개를 모두 넣었다면 또 하나 꼭 활용해야 할 것이 바로 '네이버 예약'과 예약자들이 남기는 '리뷰'이다. 예약자 리뷰는 네이버 예약을 통해서 실제로 방문한 사람들만 남길 수 있는 후기이기 때문에 신뢰도를 높일 수 있기 때문이다. 사람들이 맛집을 찾는 이유는 사람들이 많이 방문하였다는 것은 맛이 보증되기 때문이다. 따라서 예약자 리뷰가 많으면 사람들에게 신뢰감을 주어 매출에 도움이 되고 플레이스가 더 상위에 노출되는 데 큰 역할을 한다.

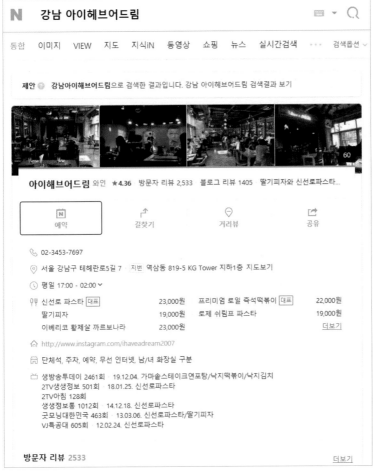

▲ 네이버 예약

네이버 예약 서비스 등록하기

네이버 예약 서비스는 네이버 스마트플레이스 사이트 상단에 [예약 파트너센터]에서 등록할 수 있다.

❶ 화면 가운데 [시작하기] 메뉴를 클릭한다.
❷ 업체 선택 화면에서 로그인하면 자동으로 연동된다.

❸ 예약관리 → 등록하기 → 업체 선택을 하고 정보를 입력한다.

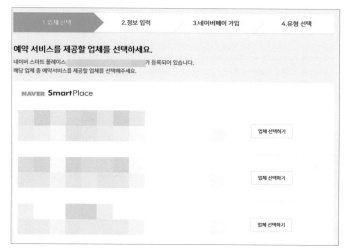

❹ 서비스명, 서비스소개 등등 정보를 입력한다.

블로그 리뷰 활용하기

블로그 리뷰도 늘리는 것이 좋다. 블로그 리뷰는 블로그 콘텐츠가 올라갈 때 상호명이 들어간 지도가 첨부되면 블로그 리뷰에 추가되는 형식이다. 블로그 리뷰가 많을수록 플레이스가 상위에 노출되는 데 도움이 되기 때문에 적극적으로 활용해야 한다.

블로그 리뷰의 개수가 많지 않다면 블로그 체험단 등을 활용해 블로그 리뷰를 늘리는 방법을 사용해야 한다. 블로그 체험단이 방문 후 콘텐츠를 올릴 때, 블로그 콘텐츠 속에 다음과 같이 업체의 지도가 첨부되어야만 플레이스 블로그 리뷰에 추가된다.

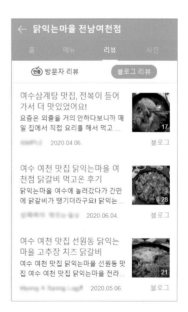

어쨌든 배부르게 즐기고 온 여수 여천 맛집!
닭익는마을 다녀온 후기였습니다 :)
정말 또가고 싶네요 크크
코로나가 끝나면 짬내서 친구들 더 데리고 다녀올래요!

닭익는마을 전남여천점
전라남도 여수시 선원3길 6

#닭익는마을   #닭익는마을전남여천점   #닭갈비추천   #여수닭갈비   #여수여천맛집

📢 온라인 마케팅 성공 사례

인쇄업을 하시는 분들을 대상으로 강의를 할 때, 어느 정도 나이가 있으셔서 강의를 듣고도 SNS 운영을 하시지는 않을 것 같아 시간도 오래 걸리지 않고, 한 번 해 두면 따로 신경 쓰지 않아도 되니 지도에 대표 키워드를 설정해 보시라고 권유해 드린 적이 있다. 실제로 대표 키워드를 '**인쇄, **명함, **제본' 등으로 넣은 후 매출이 200%가 상승했다.

CHAPTER 03

제품 기반은 쇼핑몰이 기본?

제품을 가지고 있다면 제품을 온라인에서 판매할 수 있는 창구가 있어야 한다. 보통 자사몰을 운영하기 위해 쇼핑몰을 제작하거나 11번가, G마켓, 티몬, 쿠팡, 인터파크, 옥션, 위메프 등 오픈마켓을 활용하게 되는데 내 상황에 맞도록 소비자들이 구매할 수 있는 창구를 만들어야 한다.

●●● 스마트스토어로 시간과 비용을 절약하자

위치를 기반으로 하는 오프라인 매장이 있다면 사람들이 검색 후 직접 찾아갈 수 있도록 유도하기 위해서는 플레이스가 중요하고, 제품을 기반으로 한다면 사람들이 내 제품을 살 수 있는 공간을 제공하고 그 공간을 많이 알리는 것이 가장 중요하다. 사람들이 온라인 및 오프라인에서 내 제품을 접하고 구매의사가 있을 때 구매할 수 있는 공간이 마련되어 있어야 한다는 말이다.

요즘은 1세대 소셜커머스인 티켓몬스터, 위메프, 쿠팡 등과 더불어 페이스북, 블로그, 인스타그램 등의 SNS 쇼핑의 비중도 늘고 있다. SNS 이용자 중 절반이 넘는 사람들이 SNS를 통해 상품을 구매한 경험이 있다고 답할 정도로 많은 사람들이 SNS 쇼핑을 이용하고 있다. 제품을 구매할 수 있는 채널이 많아진 것이다. 이렇게 혼란스러운 온라인 마켓 시장에서 많은 판매자들이 주채널 없이 여기저기에서 판매를 하는 경우가 많다. 물론 어디서 내 제품을 접하고 구매할지 알 수 없으므로 다양한 판매 채널을 두어 접근성을 높일 필요는 있지만 내 제품을 구매하고자 하는 사람들을 위해 상세한 정보를 보여주는 기본 쇼핑몰이 있어야 어떤 채널에서 제품을 접하더라도 기본 쇼핑몰로 유도하여 구매를 쉽게 할 수 있도록 해야 한다.

쇼핑몰을 만들기 위해 쇼핑몰을 설계하고 디자인, 상품등록, 결제 시스템 구축 등에 소요 시간과 비용이 많이 든다. 비용 투자 대비 효과가 얼마나 있을지 미지수다. 이때 유용한 것이 바로 네이버에서 제공하는 '스마트스토어'이다. 스마트스토어는 기본 제공되는 템플릿을 활용할 수 있어 제작 소요시간이 짧고 초기 구축 비용이 들지 않는다. 물론 개인 쇼핑몰과 비교하면 디자인이 심플한 편이고 차별화된 커스터마이징은 어렵지만 기본적인 판매 채널로 활용하는 데 충분하다.

▲ 네이버 스마트스토어

특히, 스마트스토어에 등록된 상품은 별도의 등록 과정을 거치지 않아도 네이버쇼핑 영역에 상품이 노출된다. 비용과 제작 소요시간 등을 따진다면 SNS를 판매 채널로 두는 것이 가장 효율적일 수도 있지만, SNS에서 내 제품을 접한 후 자세한 정보를 확인하기 위해 네이버에서 한 번 더 검색하는 경우가 많다보니 네이버에 기반을 두고 다른 채널들을 만드는 것이 좋다. 실제로 인스타그램은 게시물에 링크를 설정할 수 없기 때문에 마음에 드는 제품을 발견했을 때 브랜드 인스타그램을 찾아간다. 하지만 브랜드 인스타그램에도 제품 태그가 없으면 제품을 구매할 수 있는 창구가 없다보니 자연스럽게 포털에서 검색하게 된다.

뿐만 아니라 40~50대 여성들이 주고객인 홈쇼핑도 네이버를 함께 활용하는 경우가 많다. 홈쇼핑에서 나온 제품을 네이버에서 브랜드명 등을 검색해보는 경우가 많기 때문이다.

한 리서치기관의 조사에 따르면 2019년 한국인이 가장 많이 결제한 온라인 서비스는 쿠팡이나 옥션, G마켓이 아닌 '네이버'이다. 네이버가 운영하는 쇼핑몰인 '스마트스토어'에서 제품을 구입한 소비자는 2020년 3월 한달 동안에만 천만 명을 넘어섰다. 한국인 5명 중 1명이 네이버에서 쇼핑을 했다는 이야기이다. 따라서 온라인 쇼핑몰을 운영하고자 한다면 가장 주가 되는 쇼핑몰은 네이버로 하는 것이 좋다.

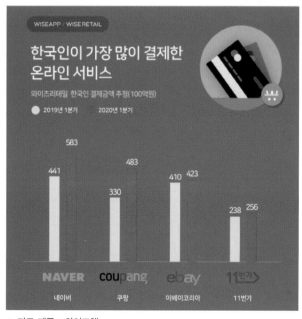

▲ 자료 제공 : 와이즈앱

●●● 스마트스토어 등록 시 주요 팁

스마트스토어를 만드는 방법은 많은 분량을 할애해야 하는데 책의 콘셉트와는 맞지 않아 이 책에서는 따로 언급하지 않겠다. 관련 서적이나 지인의 도움을 받아 만들어보도록 하자. 이 책에서는 간단한 스마트스토어 등록 방법과 꼭 지켜야 하는 중요 항목만 이야기해 보자.

스마트스토어는 사업자등록증, 3개월 이내 대표자 인감증명서, 대표자 혹은 사업자 명의 통장, 통신판매업신고증만 있으면 회원가입을 통해 쉽게 진행 가능하다.

스마트스토어의 가장 큰 장점 중 하나는 다른 등록 절차가 없어도 네이버쇼핑 영역에 상품이 노출된다는 것이다. 모바일 네이버에서 '강남소호사무실'과 '광주신부관리'를 검색하면 통합 검색 영역에 '네이버쇼핑' 영역이 노출되는 것을 확인할 수 있다. 실제 사용 제품이 아닌 '사무실'이나 '신부관리'와 같은 키워드가 '네이버쇼핑' 영역에 노출될 것이라고 생각하는 사람은 없었을 것이다. 네이버에서는 이런 상품도 서비스로 보고 '네이버쇼핑' 영역에 노출시켜주고 있다. 대부분의 사람들은 포털 사이트에서 검색 시 통합 검색 영역에서 콘텐츠를 소비하는 경우가 많으므로 제품뿐만 아니라 서비스가 노출되는 것을 적극 활용할 필요가 있다.

▲ '강남소호사무실' 키워드 검색 시 네이버쇼핑 영역　　▲ '광주신부관리' 키워드 검색 시 네이버쇼핑 영역

물론 모든 키워드가 통합 검색의 쇼핑 영역이 나오는 것은 아니다. 내 제품이나 서비스를 마케팅할 때 활용하는 키워드를 검색해보고 통합검색 영역에 쇼핑 영역이 나온다면 쇼핑 영역을 공략해보는 것도 좋다. 특히, 내가 공략하고자 하는 키워드를 검색했을 때 네이버쇼핑 영역에 경쟁사가 많지 않다면 쇼핑 영역 또한 하나의 마케팅 수단이 될 수 있으므로 꼭 활용하는 것이 좋다.

●●● 네이버쇼핑에서 검색이 잘 되기 위한 좋은 상품 정보

어떤 제품과 서비스가 네이버쇼핑 검색에 노출되고 있는지 확인했다면 이번엔 네이버쇼핑 영역에 노출된 순서를 알아보자. 네이버쇼핑에서 검색이 잘 되기 위한 좋은 상품 정보는 다음과 같다.

네이버쇼핑 검색 제공 정보			쇼핑몰 상품 정보	
상품 정보	부가 정보	인기도	상품 정보	만족도
상품명 (+3)	카테고리 (+3)	구매평 (+2)	태그 메타정보 (+1)	결제 (+1)
이벤트 피드 (+1)	브랜드 제조사 (+3)	구매 데이터 (+3)	구매 옵션 (+1)	배송 (+1)
상품 이미지 (+3)	속성 (+2)	신용정보 (−3)	모바일 대응 (+2)	고객 대응 (+1)
가격비교 (+2)		SPAM ABUSE (−3)	상품 정보 구성 (+1)	

노출 항목 및 점수에 대해 간단하게 정리해보면 상품명은 짧고 간결하게 카테고리 키워드가 들어가도록 해야 하며, 오픈마켓 등에 입점한 경우 입점된 상품 가격 등과 비슷하게 설정해야 한다.

네이버에서 '장미100송이'를 검색하면 통합 검색 영역에 '네이버쇼핑'이 나타난다. 가장 위의 2개는 '광고'다. 광고를 제외하면 보통 4개가 리스트로 표시된다.

가장 상단의 제품을 클릭해서 확인해보자. 광고를 제외하고 가장 상위의 제품을 클릭하면 일반 쇼핑몰이 아닌 스마트스토어인 것을 확인할 수 있다. 비용을 비싸게 지불하고 만드는 쇼핑몰이 아니더라도 이렇게 네이버쇼핑 영역에서 1위를 할 수 있는 것이다. 리뷰 수나 태그 등을 확인해 보면 네이버쇼핑에서 검색이 잘 되기 위한 좋은 상품 정보 내용과 유사한 것을 확인할 수 있다.

▲ '장미100송이' 키워드 검색 시 네이버쇼핑 영역

먼저, 제목에 '장미 100송이'라는 단어가 들어가 있다. 네이버는 검색 결과 값을 노출할 때 이용자에게 정확한 정보를 제공하려고 하기 때문에 상품명을 가장 우선시한다. 따라서 상품명에 사람들이 많이 검색하는 키워드를 넣는 것이 좋다. '장미 100송이'를 검색한 결과를 다시 보자. 1페이지에 있는 모든 상품의 상품명에 '장미 100송이'가 들어가 있는 것을 알 수 있다.

▲ '장미100송이' 검색 시 네이버쇼핑 영역 1위 쇼핑몰 홈페이지

네이버쇼핑 영역의 1위에 있는 상품을 클릭해 보자. 상단에 '굿서비스 스토어'라고 표시되어 있는 것을 알 수 있다. 굿서비스 스토어가 되기 위해서는 '평균 구매자 평점 4.5점 이상, 48시간 내 배송완료 80% 이상, 1일 이내 응답률 90% 이상'이 되어야 한다. 그만큼 쇼핑 영역의 상단에 노출되기 위해서는 '구매평, 배송, 고객응대'에 대한 점수들이 높아야 한다.

◀ 굿서비스 스토어

1위에 노출된 '바시움플라워'를 확인해 보면, 전체 리뷰수는 3,082개이며, 평점은 5점 만점에 4.8점이다. 그리고 Q&A가 733개인데 전부 '답변완료' 표시가 되어 있는 것을 알 수 있다.

◀ 구매평 영역

◀ Q&A 영역

✚ 홈페이지가 필요하다면 'modoo(모두)'를 활용하자

요즘은 예전처럼 홈페이지를 필수적으로 만들어 활용하기보다는 브랜드 SNS를 활용하는 경우가 점점 늘고 있다. 홈페이지는 검색을 해서 들어온 사람들에게 신뢰를 주는 역할을 하지만 홈페이지 제작을 많이 하지 않는 이유는 비용 때문이다. 내부에 디자인팀이 있거나 직원 중에 홈페이지를 제작할 줄 아는 사람이 있는 것이 아니라면 외부에 맡길 수밖에 없는데, 이때 드는 비용이 적게는 몇 십만 원부터 많게는 몇 천만 원이고, 호스팅 비용 등 고정비용도 꾸준히 들어간다. 뿐만 아니라 홈페이지 내용 업데이트에도 어려움을 겪는다.

물론 홈페이지가 없는 것보다는 있는 것이 좋고, 이왕이면 잘 만들어진 홈페이지를 가지고 있는 것이 좋겠지만 홈페이지를 제작하는 데 비용을 많이 쓰다 보면 막상 홈페이지로의 유입을 유도하는 데 비용을 사용하지 못하게 된다. 따라서 초기에는 홈페이지 제작에 많은 비용을 지출하기보다는 고객들을 유입시키는 데 마케팅 비용을 활용하고 추후에 제대로 된 홈페이지를 만드는 것이 좋다. 홈페이지 제작 비용을 아끼고 마케팅 효과를 높일 수 있는 좋은 방법이 바로 '네이버 modoo(모두)' 서비스이다.

네이버 modoo는 네이버에서 무료로 홈페이지를 활용할 수 있도록 각 분류에 따른 템플릿 툴을 제공하고 별도의 도메인이나 호스팅 비용이 들어가지 않는다.

✚ 모두(modoo) 홈페이지 제작의 중요한 팁!

모두 홈페이지는 포털 사이트에서 검색하면 대부분 통합검색의 상단에 표시되고, 웹사이트 영역이 있을 때는 웹사이트 영역에 노출되기도 한다. 웹사이트 영역은 네이버 개편에 따라 생겼다 사라졌다 한다. 웹사이트 영역이 보일 땐 홈페이지가 한 번 더 노출되므로 사람들에게 보여질 확률이 높아진다.

▲ '마케팅전문가 이기용 강사' 검색 시 통합 영역에 노출되는 모두 홈페이지

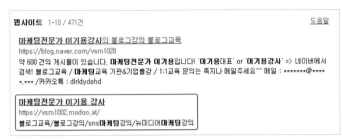

▲ '마케팅전문가 이기용강사' 검색 시 웹사이트 영역에 노출되는 모두 홈페이지

▲ '마케팅전문가 이기용교수' 검색 시 웹사이트 영역에 노출되는 모두 홈페이지

▲ '마케팅전문가 이기용교수' 검색 시 통합 영역에 노출되는 모두 홈페이지

또, 모두 홈페이지 제작 시 템플릿에 정보를 모두 입력하고 네이버 검색 노출을 눌러야만 사람들이 나의 모두 홈페이지를 웹에서 확인할 수 있게 된다. 이때 중요한 것은 '홈페이지명'과 '홈페이지설명'이다. 보통 웹사이트에서 키워드 검색 시 '홈페이지명'과 '홈페이지설명'에 있는 키워드들을 기반으로 검색 시 정보들이 나타나기 때문에 여기에 키워드가 들어가는 것이 좋다.

▲ 모두 네이버 검색 노출

📢 온라인 마케팅 성공 사례

농산물을 판매하시는 분을 컨설팅한 적이 있다. 11번가, G마켓 등의 오픈마켓과 정부지원 공공기관에서 운영하는 몰까지 대략 10개가 넘는 곳에 제품을 등록해 두었는데, 판매가 잘 되지 않는다고 하소연하였다. 그래서 우선 집중해서 운영하기 쉬운 스마트스토어를 위주로 인플루언서들을 활용해서 홍보를 했더니, 바로 매출이 오르기 시작했다.

이렇게 내 제품들이 다양한 곳에 올라가있느냐보다 한 곳을 들어오게 만들더라도 우선 내 제품을 인지하고 유입하게 하는 마케팅이 중요한 것이다.

CHAPTER
04

브랜드 블로그 꼭 운영해야 할까?

최근 대세인 유튜브 영상도 촬영해야 하고, 젊은 사람들이 많이 하는 인스타그램도 해야 하는데 유행이 지난 것처럼 보이는 브랜드 블로그까지 운영해야 하는지 묻는 사람들이 많다. 몇 개월 동안 열심히 블로그를 운영해 키워 놓았는데, 자칫 잘못하면 금방 저품질이 되어 버려 처음부터 다시 하려니 자신이 없다. 차라리 블로그 인플루언서를 활용하는 것이 더 효과적이라는 생각이 들기도 한다. 그럼에도 불구하고 브랜드 블로그는 꼭 운영해야 한다고 강조하고 싶다. 이번 장에서는 브랜드 블로그 운영이 왜 중요하고, 어떻게 운영해야 효과적인지 알아보자.

••• 블로그는 꼭 해야 할까?

자사미디어를 활용하는 가장 큰 이유는 방문한 잠재고객을 구매고객으로 만들고 고객과의 지속적인 관계 유지 때문이다. 지도 서비스는 위치 정보를 제공하고, 쇼핑몰이나 스마트스토어는 제품 정보와 제품을 구매할 수 있는 정보를 제공하며, 홈페이지는 회사나 브랜드에 대한 정보를 제공하는 등 일대다 관계로, 정보 전달이 주목적인 단방향적인 채널이다. 하지만 블로그, 페이스북, 인스타그램 등의 소셜미디어 서비스는 기존의 매체와는 달리 정보 공유와 관계 형성이 주목적인 쌍방향성을 가지고 있다.

소비의 가장 큰 축인 밀레니얼 세대(1980년~2000년 사이 출생자)는 가치 소비를 끝내고 감정 소비, 경험 소비를 중요하게 생각한다. 어렸을 때부터 디지털에 익숙해 소셜네트워크서비스(SNS)로 소통하는 것을 더 선호하다 보니 소셜미디어 활용은 선택이 아닌 필수가 되었다.

이 중 브랜드 블로그는 포털을 활용하는 사람들에게 효과적이다. 휘발성 콘텐츠에 가까운 페이스북과는 달리 블로그는 해당 브랜드나 제품 검색 시 브랜드에 대한 정보나 스토리들을 많이 접할 수 있는 매체다. 또, 사진과 영상 위주의 인스타그램과 달리 블로그는 더 자세한 정보를 볼 수 있어 상세한 설명이 필요하거나 감성 표현을 전달하는 콘텐츠를 마케팅하고자 한다면 블로그 사용은 필수다.

●●● 검색 결과 노출을 원한다면 블로그를 운영하라

블로그는 기본적으로 검색 기반의 미디어다. 페이스북 친구, 인스타그램 팔로워, 유튜브 구독자처럼 블로그도 이웃이 존재하지만 이웃들에게만 내 콘텐츠가 제공되는 것이 아니라 필요에 의해 검색을 한 모든 사람들에게 정보를 제공할 수 있는 검색 기반 채널이므로 사람들이 정보를 찾았을 때 자신의 브랜드와 정보를 접하게 만드는 것이 중요하다.

인스타그램과 유튜브가 유행하기 시작하면서 가장 많이 물어보는 질문이 바로 아직도 블로그가 효과가 있냐는 것이다. 대답은 "네"이다. 인스타그램은 팔로워를 기반으로 콘텐츠를 접하기는 하지만 해시태그로 검색을 해서 콘텐츠를 소비하는 경우가 많아지고 있다. 또, 10대들은 주요 정보를 유튜브에서 검색하는 경향이 있어 구독자 중심으로만 콘텐츠 소비 뿐만 아니라 검색을 통한 콘텐츠 소비도 많이 이루어진다. 이렇게 검색 매체는 다양해졌지만 네이버에서 필요한 정보를 찾아볼 때 검색하는 키워드의 조회 수는 줄어들지 않고 있다. 20~30대는 인스타그램에서, 10대들은 유튜브에서 주로 검색하는 것은 맞지만 유튜브나 인스타그램에서 정보를 접하고 바로 소비를 하기보다는 네이버 검색을 통해 한 번 더 검증 후 구매하는 패턴으로 이어진다. 이전에는 바로 네이버에서 정보를 접하고 소비를 했다면, 이제는 그 앞에 인스타그램이나 유튜브라는 매체가 생긴 것이다. 따라서 최소한 자신의 브랜드나 제품 정보를 포털에서 검색 시 구매 전환이 될 수 있도록 블로그를 운영하여 자세한 정보가 노출되도록 해야 한다.

▲ 검색 기반의 블로그

••• 네이버 블로그에 집중하라!

그렇다면 구글, 네이버, 다음, 네이트 등 다양한 포털 사이트 중에서 왜 네이버 블로그를 만들어야 할까? 젊은 사람들은 요즘 네이버보다는 구글을 더 많이 사용하는 것 아니냐고 하고, 연령대가 있으신 분들은 네이버보다 다음을 많이 사용하는 것 아니냐고 한다. 특히, 다음과 카카오가 합병한 이후부터는 다음을 사용하는 사람들이 많지 않냐고 묻는 사람도 많은데 아직까지는 네이버 점유율이 가장 높다.

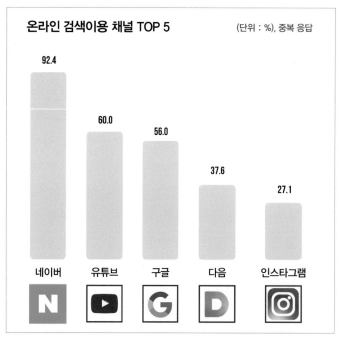

온라인 검색이용 채널 TOP 5 (단위 : %), 중복 응답

네이버	유튜브	구글	다음	인스타그램
92.4	60.0	56.0	37.6	27.1

▲ 온라인 검색 이용 채널 TOP 5

디지털 미디어랩 나스미디어가 국내 PC와 모바일 인터넷 이용자의 서비스 형태를 분석한 결과 가장 많이 이용하는 검색 채널은 네이버(92.4%)였고, 시장조사업체 DCM미디어의 '2018 포털 사이트 이용 행태 조사 분석 보고서'에 따르면 최근 1개월 이내 포털 서비스 이용 경험 조사에서 네이버가 71.5%로 가장 많았다. 이 결과를 보면 사람들이 가장 많이 이용하는 포털인 네이버를 공략하는 것이 마케팅에 가장 효과적이라는 것을 알 수 있다.

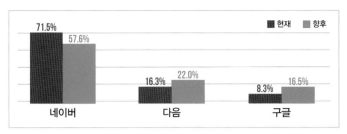

▲ 모바일 이용 경험 조사 결과

그렇다면 네이버의 많은 서비스 중 왜 브랜드 블로그를 운영해야 하는 것일까? 사람들은 네이버에서 자신이 원하는 키워드로 검색할 때 PC나 모바일을 활용해서 검색을 한다. PC에서 키워드를 입력해 검색할 때 VIEW 영역, 지도 영역, 이미지 영역 등을 곧바로 클릭해 확인하기보다는 통합 검색 영역에서 해결하는 경우가 많다. 대부분의 통합 검색 영역에는 VIEW 영역이 존재하기 때문에 블로그 운영에 신경을 써야 한다.

▲ '홍대안경' 키워드 검색 시 통합검색의 VIEW 영역

또, 모바일에서 검색하는 경우에도 영역을 확인하여 결과를 확인하기보다는 통합 영역에서 정보를 해결하는 경우가 많다. 통합 영역에는 항상 VIEW 영역이 존재하는데 VIEW 영역은 보통 블로그나 카페글이 표시된다. 카페는 커뮤니티 공간이다 보니 카페 회원들이 카페 내에서만 검색이 가능하도록 설정할 수 있기 때문에 보다 자세한 내용은 확인하기 힘들 수 있다. 따라서 VIEW 영역에서는 블로그 글을 주로 확인하게 되므로 통합 영역에 항상 존재하는 블로그를 무시하면 안 된다.

▲ '남자선크림' 키워드 검색 시 통합 검색

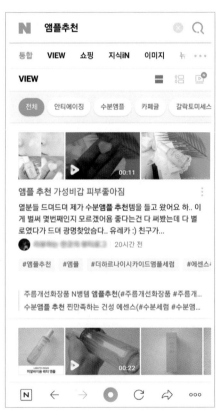

▲ '앰플추천' 키워드 검색 시 통합 검색

••• 메인에 내 블로그 글을 노출하는 방법을 배워라!

그럼 이렇게 PC나 모바일에서 검색할 때 접하게 되는 블로그 글처럼 메인에 노출시키려면 어떻게 해야 할까? 다이아로직, 씨랭크 등 블로그 노출을 결정짓는 로직에 대해 다양한 의견이 존재한다. 가장 기본적으로 필요한 것이 바로 '블로그 지수'이다. 쉽게 말하면 '블로그 점수'라고 할 수 있다. 네이버는 얼마나 오래된 블로그인지, 얼마나 많은 콘텐츠들을 올렸는지, 콘텐츠를 얼마나 자주 올렸는지, 콘텐츠별로 사람들이 얼마나 많이 보고 반응했는지 등에 따라서 블로그의 신뢰도를 판단해 점수를 매긴다.

'블로그 지수'를 높이기 위한 기본 방법은 콘텐츠를 자주 올리고 서로 이웃들을 늘리면서 소통하는 것이다. 이 방법으로 점수를 쌓으면서 블로그 글을 쓸 때 내가 노출하고 싶은 키워드를 넣어야 한다. 머릿속으로는 '강남맛집'으로 검색했을 때 나왔으면 좋겠다라고 생각하면서 글 속에 '강남맛집'이라는 단어를 넣지 않으면 네이버는 '강남맛집'에 관한 글인지 알 수 없다. 특히, 제목에 검색 시 노출하고 싶은 키워드를 넣는 것이 좋다. 키워드들을 검색해보면 대부분 제목에 검색한 키워드들이 들어 있는 것을 확인할 수가 있다.

다음 이미지는 '연산동 기구필라테스'를 검색했을 때의 결과이다. VIEW 영역의 1, 2위 글의 제목에 검색어로 입력한 키워드가 포함되어 있는 것을 확인할 수 있다.

◀ '연산동 기구필라테스' 키워드 검색 결과

이렇게 자신의 제품을 알리고 구매로까지 연결시킬 수 있는 블로그를 만들기 위해서는 많은 노력이 필요하다. 꾸준한 포스팅이 기본이 되어야 하므로 일주일에 2~3개의 콘텐츠만 올리더라도 사진과 글을 모두 창작해야 하므로 쉽지 않은 여정이다. 그럼에도 불구하고 네이버 블로그는 제품이나 서비스에 따라서 효과가 차이 나는 다른 채널과는 달리 포털에서 검색했을 때 나오다보니 키워드를 잘 활용하면 대부분의 제품이나 서비스에 효과가 나타나기 때문에 기본적으로 운영하는 게 좋다.

●●● 블로그는 어떤 제품과 마케팅에 가장 효과적일까?

모든 상품이 네이버 블로그 마케팅에 효과적인 것은 아니다. 내가 활용하려고 하는 제품이나 서비스에 대한 키워드 조회 수가 네이버에서 많이 나오고, 해당 키워드를 검색했을 때 통합 검색에 VIEW 영역이 존재한다면 블로그를 만들어 홍보하는 것이 좋다.

소비자들이 네이버에서 내 제품이나 서비스에 대한 니즈가 많고, 네이버에서 내 제품이나 서비스에 대해 블로그 콘텐츠들을 많이 밀어주고 있다는 데이터가 확실하다면 공략하지 않을 이유가 없다.

➕ 키워드 조회 수로 마케팅 방향 설정하기

네이버에서 '네이버 광고' 서비스를 활용하면 키워드의 월간 검색 수를 확인할 수 있다. 경남 진주에서 미용실을 한다고 가정하고 네이버 광고에서 '진주미용실' 월간 검색 수를 확인해 보면 PC에서 670회, 모바일에서 6,080회로 약 6,700회 정도인 것을 알 수 있다. 진주미용실 외에 더 다양한 키워드들을 활용해도 되지만 '진주미용실'만으로도 검색을 많이 하기 때문에 이 키워드는 필수로 사용해야 한다.

연관키워드 ⑦	월간검색수 ⑦	
	PC ⬍	모바일 ⬍
진주미용실	670	6,080

▲ '진주미용실' 키워드 월간 검색 수

단, 내 제품이나 서비스와 관련된 키워드의 검색 조회 수가 미미하고, 통합 검색에 VIEW 영역이 없다면 다른 채널을 우선 활용하는 것이 좋다. 전남 광양에서 토익학원을 한다고 가정하고 네이버 광고에서 '광양토익학원'의 월간 검색 수를 확인해 보면 PC에서 10회, 모바일에서 10회 미만인 것을 확인할 수 있다.

연관키워드 ⑦	월간검색수 ⑦	
	PC ⬍	모바일 ⬍
광양토익학원	10	< 10

▲ '광양토익학원' 키워드 월간 검색 수

또, 비슷하게 활용할 수 있는 '광양영어학원' 키워드의 월간 검색 수를 확인해보면 PC에서 10회, 모바일에서 50회로 약 60회 정도 검색하는 것을 알 수 있다. 이렇게 나에게 해당되는 키워드들을 모두 합해도 조회 수가 거의 나오지 않는다면 블로그가 아닌 다른 SNS 채널이나 커뮤니티 등을 활용하는 것이 더 효과적일 수 있다.

연관키워드 ⑦	월간검색수 ⑦	
	PC ⬍	모바일 ⬍
광양영어학원	10	50

▲ '광양영어학원' 키워드 월간 검색 수

●●● 공식 블로그 혜택을 누려라!

사실 블로그를 만들어 운영하고 노출하는 방법만으로도 몇 권의 책 분량이 나오지만 여기서는 실제로 블로그가 필요한 분야나 최소한의 노력으로도 노출이 되도록 만드는 팁을 이야기하려고 한다. 요즘 블로그에서 이슈가 되고 있는 씨랭크를 한마디로 정의하자면 한 가지 전문적인 주제를 다루

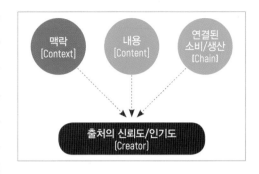

는 블로그에서 발행되는 콘텐츠를 더 전문성 있는 콘텐츠로 인식하고 노출시켜준다는 의미이다.

따라서 콘텐츠를 발행할 때 주제 영역을 선택하는 것이 중요하다. 물론 씨랭크의 주제가 여기서 주제를 선택하는 것에만 해당되지는 않지만 글을 쓸 때 주제를 선정하는 것은 굉장히 중요하다.

이렇게 한 가지 주제만을 다루는 블로그 콘텐츠를 잘 노출시켜주는 씨랭크 때문에 혜택을 받는 블로그가 있다. 바로 '공식 블로그'이다. 실제로 '태풍대비'를 검색하면 1페이지에 있는 1위부터 11위까지의 글 중 절반인 5개가 공식 블로그인 것을 확인할 수 있다. 따라서 공식 블로그로 활용할 수 있으면 공식 블로그를 신청해서 활용하는 것도 좋은 방법이다.

▲ '중소기업 지원' 키워드 검색 시 1페이지

●●● 공식 블로그 신청하기

공식 블로그를 신청하기 위해서는 네이버에서 '네이버고객센터'를 검색하여 클릭한 후 [블로그]를 클릭한다. 네이버 블로그 고객센터 왼쪽 메뉴에서 [공식 블로그]를 선택하고 '공식 블로그 등록 신청'을 클릭하여 신청한다.

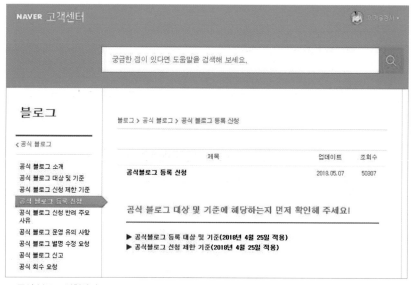

▲ 공식 블로그 신청하기

네이버 공식 블로그를 신청하기 위해서는 등록 기준이 크게 두 가지로 나뉘는데 첫 번째는 등록 가능한 기관 및 기업이어야 한다.

공식 블로그로 등록 가능한 기관/단체	① 정부부처, 자치단체 대표 블로그 ② 공공기관 경영정보공개시스템 알리오에서 확인되는 공공기관의 블로그 ③ 출판사명으로 출간된 도서가 확인되는 출판사 및 독립출판서점의 블로그 ④ 네이버 매거진캐스트에 소개된 매거진 ⑤ 최근 1년 내 발행된 정기 간행물이 있는 매거진 ⑥ 국공립 문화예술 단체, 공연통합예술전산망의 DB에 등록된 블로그 ⑦ 한국문화예술회관연합회 회원기관의 블로그 ⑧ 기획/제작한 공연명으로 운영하는 기획/제작사의 블로그

⑨ 한국화랑협회에 소속된 화랑 또는 화랑에서 주최하는 전시회의 블로그

⑩ 사립미술관협회에 등록된 미술관 또는 미술관에서 주최하는 전시회의 블로그

⑪ 네이버 통합검색에서 축제 정보 콘텐츠가 노출되는 축제의 블로그

⑫ 방송사와 네이버 통합검색 내 방송프로그램 콘텐츠가 확인되는 블로그

⑬ 네이버 통합검색에서 대학교 정보 콘텐츠가 확인되는 대학교의 대표 블로그

⑭ 학교알리미에서 확인되는 초/중/고/특수학교의 블로그

⑮ 전자공시 시스템에서 확인되는 상장기업과 외부 감사를 받는 주식회사의 대표 기업 블로그

※ 출처 : 공식 블로그 등록 대상 안내

공식 블로그 주제별 상세 기준	① 공공기관/자치단체 • 공공기관 경영정보공개시스템 알리오에 노출되는 공공기관만 등록 가능 • 상위 기관의 대표 블로그가 있는 경우 등록 불가능 ② 출판사 및 독립출판서점 • 블로그의 제목/별명/프로필/소개글에 출판사명과 공식 블로그임을 명시 • 개인적인 주제로 운영되는 블로그는 등록 불가능(출판사의 대표 주제로만 운영) • 등록 신청 시 "출판된 책 정보를 확인할 수 있는 URL 주소" 기재(예 네이버 책 서비스 내 출판사명으로 검색한 페이지 URL 주소) ③ 대학교 • 네이버 통합검색에서 대학교명 검색 시 "학교정보"가 노출되어 대학알리미 내 정보가 확인되는 대학교의 블로그만 등록 가능 • 대학교는 2~4년제 대학교, 전문대학교, 사이버대학교, 외국교육기관만 등록 가능 • 외국교육기관의 경우 외국교육기관종합안내 사이트에 정보 확인되어야 함. • 대학교 하위 학부/동아리/학과 등의 블로그는 등록 불가능 • 등록 신청 시 "네이버 통합검색에서 대학교명을 검색한 URL 주소" 기재 ④ 축제 • 네이버 통합검색에서 축제명/축제정보 검색 시 "축제정보"가 노출되는 축제만 등록 가능(예 네이버 검색 〉 홍천강꽁꽁축제 검색 〉 축제 정보 노출) • 축제 홈페이지 내 블로그로 바로 이동할 수 있는 링크/배너 존재해야 함. • 등록 신청 시 "네이버 통합검색에서 축제명/축제정보를 검색한 URL 주소" 기재 ⑤ 매거진 • 네이버 매거진 캐스트에 소개된 매거진이 있는 매거진만 등록 가능 • 또는 최근 1년 내 발행된 정기 간행물이 있는 매거진만 등록 가능 • 등록 신청 시 "정기간행물이나 매거진 소개 페이지의 URL 주소" 기재

공식 블로그 주제별 상세 기준	⑥ 방송사 및 방송프로그램 • 방송사 및 네이버 통합검색에 방송프로그램 콘텐츠가 노출되는 방송사/프로그램만 등록 가능 • 등록 신청 시 "방송프로그램 콘텐츠를 확인할 수 있는 URL 주소" 기재 ⑦ 국공립 문화예술 단체 • 국공립 문화예술 단체, 공연통합예술전산망에서 정보가 노출되는 주제의 블로그만 등록 가능 ⑧ 한국문화예술회관연합회, 한국화랑협회, 사립미술관협회, 공연 기획제작 단체 • 한국문화예술회관연합회 회원기관에 해당되는 블로그만 등록 가능 • 공연명으로 기획/제작한 공연이 확인되는 기획 제작사의 블로그만 등록 가능 • 한국화랑협회에 소속된 화랑, 또는 화랑에서 주최하는 전시회의 블로그만 등록 가능 • 사립미술관협회에 등록된 미술관이나 미술관에서 주최하는 전시회의 블로그만 등록 가능 ⑨ 기업 • 전자공시시스템에서 기업정보가 확인되는 기업의 블로그만 등록 가능 • 외부감사를 받는 주식회사의 경우 등록 가능 ⑩ 초/중/고/특수학교 • 학교알리미에서 학교 정보가 확인되는 학교만 등록 가능 ※ 출처 : 공식 블로그 등록 대상 안내

두 번째는 공식 블로그로 등록하기에 맞는 콘텐츠가 누적되어 있어야 한다.

공식 블로그 등록 필수사항	① 공식 홈페이지 내 "블로그"로 이동할 수 있는 링크/배너가 존재해야 함. ② 최근 6개월 이내에 작성한 글이 있고, 요청 분야의 주제로만 운영되는 블로그여야 함. ③ 개인적인 주제로 운영되는 블로그는 공식 블로그로 등록할 수 없음. ④ 운영원칙을 위반한 글이 있거나, 그러한 주제로 운영하는 블로그는 등록할 수 없음. ⑤ 등록 신청 시 단체 또는 기관의 정확한 명칭, 공식 홈페이지 주소, 공식 SNS 등을 기재 ※ 출처 : 공식 블로그 등록 대상 안내

●●● 치열한 상위노출을 피해 고객에게 기억에 남는 블로그 되기

위와 같이 콘텐츠를 꾸준히 업로드하여 공식 블로그로 등록했다면 확인해야 하는 핵심 사항 네 가지가 있는데 바로 '블로그이름, 프로필, 카테고리, 스킨'이다. 일반적으로 검색 결과에서 자신의 블로그를 클릭해 방문했다면 해당 콘텐츠만 확인하고 나오지만, 어떤 글을 보든 간에 블로그 이름이나 프로필, 카테고리, 스킨은 계속해서 보이므로 이 구성 요소에서 내가 어떤 제품이나 서비스를 다루는지 등을 알 수 있도록 하여 전문성을 보여준다면 사람들의 콘텐츠 소비나 구매 전환율을 높일 수 있다.

프로필 내용과 스킨에는 수상경력이나 방송이력 등 한눈에 봐도 전문성이 있는 내용이 들어가면 좋고, 카테고리에는 우리 제품이나 서비스에 대한 내용 구성뿐만 아니라, 업종에 맞는 사람들에게 도움이 될 수 있는 정보를 주는 카테고리로 구성하는 것이 좋다.

▲ 블로그 프로필

▲ 블로그 스킨

▲ 블로그 카테고리

① 블로그 이름&스킨

네이버 개편 전 웹사이트 영역이 있었을 때 키워드 검색 시 웹사이트 영역에 블로그가 표시되었으며, 블로그 이름에 키워드가 포함되어 있으면 해당 검색 결과에 노출된다.

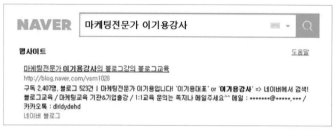

▲ 네이버에서 '마케팅전문가 이기용강사' 키워드 검색 화면

다음 블로그 2개를 보자. 첫 번째 블로그는 스킨 없이 블로그 제목으로 어떤 주제를 다루는 블로그인지만 알 수 있다. 두 번째 블로그는 스킨에 어떤 분야에 대해 전문성이 있는지 표시되어 있어 신뢰를 줄 뿐만 아니라, 전화번호도 일반 상담 전화와 긴급 상담 전화를 표시해 언제든 문의도 가능하다. 당연히 두 번째 블로그가 첫 번째 블로그보다 신뢰성을 주어 문의가 더 많을 것이다.

◀ 첫 번째 블로그의 스킨

◀ 두 번째 블로그의 스킨

② 프로필&카테고리명

같은 주제를 다루고 있는 두 개의 블로그를 살펴보자. 첫 번째 블로그의 프로필을 보면 법률사무소 블로그이지만 카테고리를 보면 여행블로그가 아닌가 하는 생각이 든다. 두 번째 블로그는 어떤 전문적인 주제들을 다루는지 한눈에 알 수 있기 때문에 검색으로 들어와 글을 보다가 카테고리를 보고 전문적인 블로그라는 것을 알게 되면 비슷한 주제의 다른 글들을 더 소비할 수도 있다.

▲ 첫 번째 블로그의 카테고리　　　　　　　　　　　　　▲ 두 번째 블로그의 카테고리

다음 블로그 두 개도 같은 주제를 다루고 있다. 첫 번째 블로그의 프로필을 보면 법무법인 블로그인 것을 알 수 있고, 두 번째 블로그도 변호사 블로그인 것을 알 수 있다. 두 번째 블로그는 어떤 이력을 가지고 있고, 어떤 분야에 전문성이 있는지 알 수 있을 뿐만 아니라 연락처가 들어가 있으니 첫 번째 블로그보다 신뢰성을 주어 문의가 들어올 확률이 높다.

▲ 첫 번째 블로그의 프로필　　　▲ 두 번째 블로그의 프로필

③ 블로그 정보 수정하기

이번엔 중요한 구성요소를 설정하는 방법을 알아보자. 먼저 네이버에서 로그인을 한 후 자신의 블로그로 이동하여 [관리]를 클릭한다. [기본 설정]–[블로그 정보]에서 '블로그명, 별명, 소개글, 블로그 프로필 이미지 등'을 수정할 수 있다.

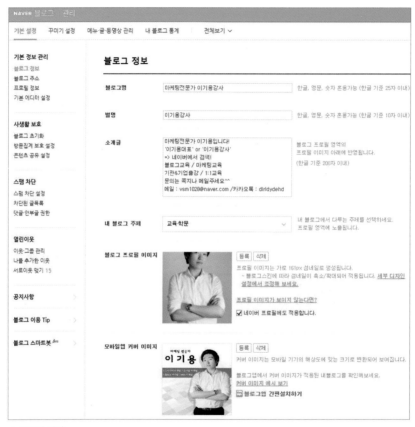

▲ 프로필 설정

이번에는 전문성을 부각시킬 수 있도록 카테고리를 수정해 보자. 블로그 관리 페이지에서 [메뉴·글·동영상 관리]–[블로그]에서 카테고리를 수정할 수 있다.

▲ 카테고리 설정

📢 온라인 마케팅 성공 사례

최근 유튜브가 활성화되면서 유튜브를 통한 브랜딩이 많아졌지만 유튜브는 자신과 성향이 맞아야 가능하고 영상을 제작하고 편집하는 데 많은 시간이 걸리다보니 진입 장벽이 높은 매체이다. 이때 쉽게 접근하기 좋은 블로그를 활용해 보자.

블로그 마케팅은 제품뿐만 아니라 자기 자신을 브랜딩하는 데에도 효과적이다. 실제로 10주 과정의 블로그 강의를 진행한 적이 있다. 글을 쓰는 작가님들을 대상으로 10주라는 시간 동안 퍼스널 브랜딩을 하기 위한 블로그 강의로, 블로그를 왜 해야 하는지부터 시작해서 실습과 피드백까지 함께 진행했다. 강의가 끝나고 블로그를 통해서 강연 문의와 방송 섭외 요청이 많이 들어온다는 수강생들의 소식을 자주 듣게 된다. 이처럼 블로그는 약간의 시간은 걸리지만 제품이나 자신을 브랜딩하는 데 큰 역할을 하므로, 마케팅에 적극 활용해야 한다.

CHAPTER
05

페이스북 페이지는 필수 채널일까?

페이스북은 친구들과 소통하고 친목을 목적으로 하는 개인 계정에서 기업을 브랜딩하고 마케팅을 목적으로 하는 페이지 활용으로 기능이 많이 변했다. 몇 년 전까지만 하더라도 블로그와 함께 꼭 활용해야 하는 마케팅 채널로 주목받았지만, 인스타그램이 활성화되고 유튜브 이슈가 커지면서 페이스북의 활용도는 낮아지고 있다. 그럼에도 불구하고 페이스북 페이지는 꾸준히 활용하는 것이 좋다. 이번 장에서는 페이스북 페이지 운영은 어떤 기업들이 해야 하고 어떻게 운영해야 효과적인지 알아보자.

●●● 많이 들어본 페이스북, 나도 해야 하나?

페이스북은 불특정 다수에게 내 콘텐츠를 확산시키기에 좋은 미디어로, 위치 기반의 사업보다는 제품에 효과가 더 좋은 채널이다. 특히, 자신의 제품이나 서비스를 포털 등에

서 검색하는 조회 수가 낮거나 거의 없는 경우에는 키워드를 활용한 마케팅을 해도 효과
가 미미하기 때문에 페이스북 페이지의 활용도를 높여야 한다.

2018 sprout social index에 따르면 페이스북 마케팅을 하는 이유 중 '브랜드 인지도 향
상'이 34%로 1위를 차지했고, '커뮤니티를 통한 소통 활성화'가 21%, '고객 정보 획득 및
판매가'가 11%, '웹 트래픽 유입 증대'가 10%를 차지했다.

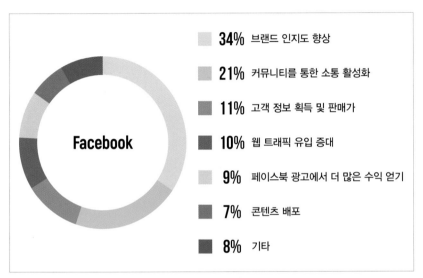

34% 브랜드 인지도 향상

21% 커뮤니티를 통한 소통 활성화

11% 고객 정보 획득 및 판매가

10% 웹 트래픽 유입 증대

9% 페이스북 광고에서 더 많은 수익 얻기

7% 콘텐츠 배포

8% 기타

▲ 페이스북 마케팅을 하는 이유(자료 출처:sproutsocial.com)

이전까지 페이스북을 웹 트래픽 유입과 판매를 위해 많이 활용했다면, 요즘은 브랜드 인
지도 향상을 가장 큰 목적으로 하므로 매출 증대보다는 브랜드를 인지시키고 싶을 때 활
용하는 것이 효율적이다.

●●● 페이스북 개인 계정과 페이스북 페이지 중 선택은?

페이스북에 콘텐츠를 올릴 수 있는 계정은 개인 계정과 페이지로 나뉜다. 개인 계정과
페이지의 가장 큰 차이점은 2가지이다.

① 페이스북 페이지는 광고를 할 수 있다.

페이스북은 검색을 바탕으로 하는 미디어가 아닌 친구 기반 미디어이므로, 광고를 집행하지 않으면 개인 계정은 친구 또는 친구의 친구들만 내 콘텐츠를 볼 수 있지만 페이지는 내 페이지를 '좋아요'로 신청한 사람들만 콘텐츠를 볼 수 있다. 내 콘텐츠를 더 많은 사람들에게 보여주기 위해서는 광고를 활용하는 것이 좋으므로, 개인 계정보다는 광고를 할 수 있는 페이지를 운영하는 것이 효율적이다.

② 페이스북 페이지는 팔로우 숫자에 제한이 없다.

친구 기반 미디어인 페이스북은 개인 계정은 친구가 5천 명까지만 가능하다. 물론 개인 계정에서 친구 5천 명이 꽉 찬 경우에는 팔로우로 넘어갈 수는 있지만 내가 노력해서 늘리는 데는 한계가 있다. 하지만 페이지는 페이지의 '좋아요'를 누른 사람들이 팔로우하게 되는데, 이 숫자에는 제한이 없고, 개인 계정처럼 내가 친구 신청을 하거나, 친구 신청을 받는 개념이 아닌 '좋아요'를 눌러서 구독하는 개념이다보니 사람들이 구독하도록 만들어서 페이지를 팔로우하는 사람을 늘리면 내가 제작하는 콘텐츠를 확산시키는 데 효율적이다.

◀ 페이스북 개인 계정

●●● 페이스북 페이지 '좋아요'를 늘리는 세 가지 팁

페이스북 페이지 '좋아요'를 늘리기 위해서는 보통 재미있는 콘텐츠나 사람들이 좋아하는 콘텐츠들을 올려 계속 콘텐츠를 받아보고 싶도록 만드는 것이 정석이다. 하지만 콘텐츠를 기획하고 만들어 확산해야 하는 일이 말처럼 쉬운 일은 아니다. 여기서는 정석을 잠시 뒤로 하고 초기 페이지 운영자들이 구독자를 늘릴 수 있는 보다 쉬운 2가지 방법을 소개하겠다.

① 페이스북 페이지 이벤트 활용하기

페이스북에서 진행하는 대부분의 이벤트 내용을 보면 대부분 페이지의 '좋아요'를 눌러야 한다는 조건이 있다. 그래야만 페이지에서 발행하는 콘텐츠들을 접하도록 할 수 있기 때문이다. 이런 이벤트들은 커피 쿠폰 1장씩만 제공해도 참여 인원이 많기 때문에 초기에 진행하는 것이 좋다.

▲ 페이스북 페이지 이벤트

② 페이스북 개인 계정 친구 초대하기

페이스북 페이지의 추가 메뉴(…)를 클릭하고 [친구 초대]를 클릭하면 개인 계정의 친구들을 페이지에 초대할 수 있다. 친구들을 많이 초대하기 위해서는 개인 계정도 열심히 활동하여 친구 수를 늘려 놓아야 한다.

③ 직원과 지인들부터 '좋아요' 요청하기

페이스북 이벤트도 좋고 친구들도 좋지만 우선 직원들과 지인들이 페이지의 '좋아요'를 눌러주는 과정이 필요하다. 이후 글을 올리면 직원들과 지인들의 친구들까지 페이지의 내용을 확인할 수 있으므로 확산 속도를 빠르게 진행할 수 있다. 여기에 직원과 지인들이 친구까지 초대해준다면 초기에 페이스북 페이지의 '좋아요'를 늘리는 데 도움이 된다.

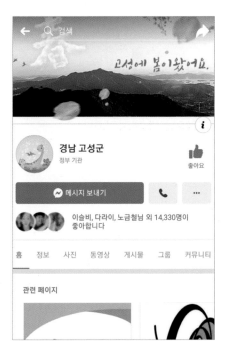

●●● 페이스북 페이지 운영 시 알아두면 좋은 팁!

콘텐츠에 댓글이 달리면 답글은 필수로 달아야 한다. 또 직원들 또한 페이지 콘텐츠에 댓글을 달아주는 것이 좋다. 페이스북 뉴스피드에는 광고를 제외하고 친구가 올린 글과 내가 팔로우하고 있는 페이지에 있는 글이 표시된다. 이외에 추가적으로 내 친구들이 공유를 한 글이나 댓글을 단 글이 표시된다. 운영하고 있는 페이스북 페이지에 내가 댓글을 달면 내 친구들 뉴스피드에 '이기용님이 게시물에 댓글을 남겼습니다'라는 메시지와 함께 표시되어 클릭을 유도할 수 있다.

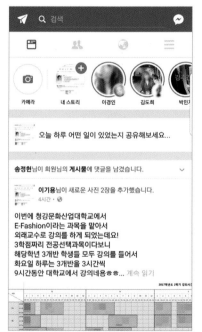

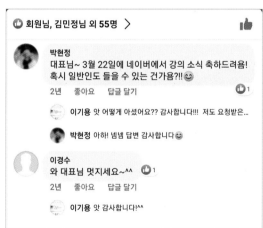

앞서 이야기한 페이스북 마케팅 이용 목적 중 2위를 차지한 것이 '커뮤니티를 통한 소통 활성화'였다. 이 목적에 충실한 페이스북 페이지 중 하나가 '충주시 페이스북 페이지'이다. 콘텐츠가 업로드되면 이벤트 글이 아님에도 불구하고 댓글이 100개 이상씩 달린다. 댓글을 살펴보면 전부 답글이 달려있는 것을 볼 수 있다. 이렇게 자연스럽게 소통이 이루

어지는 것을 보여주면 모르는 사람들도 댓글을 편하게 달 수 있는 분위기가 조성된다. 뿐만 아니라 댓글을 달면 친구들에게 콘텐츠가 보여지면서 자연스럽게 확산이 되기 때문에 선순환이 이루어진다.

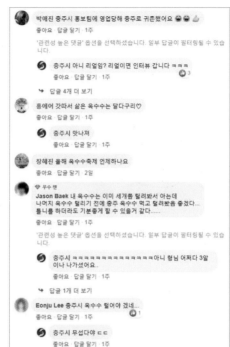

단순히 '좋아요'만 누르면 댓글과 공유처럼 친구들에게 표시되지 않아 확산에는 도움이 되지 않는다. 하지만 페이스북과 인스타그램은 최신순이 아니라 사람들이 반응하거나 소비한 부분 위주로 뉴스피드가 표시되기 때문에 내가 '좋아요'를 누른 페이지나 친구의 글이 우선적으로 내 뉴스피드에 표시된다. 따라서 내 페이지를 '좋아요' 하고 있는 사람들이 내 콘텐츠에 '좋아요'를 누르게 만드는 것도 중요하다.

••• 페이스북 콘텐츠에는 어떤 내용을 써야 할까?

콘텐츠를 확산시키고 브랜드를 인지시키는 데 가장 좋은 것은 이벤트이다. 하지만 이런 이벤트를 계속 활용하기에는 한계가 있다. 이벤트 외에 콘텐츠를 활용하는 방법 중 하나가 타깃 대상층에게 도움이 되는 정보를 제공하는 것이다. 상호성의 법칙을 활용한 마케팅의 방법 중 하나인데 A가 B에게 호의를 베풀면, B 역시도 A에게 호의를 베푸는 법칙이다. 여러분의 브랜드가 좋은 정보를 제공하여 궁금증을 해결하는 데 도움을 주고, 그에 대한 상호성으로 프로모션을 진행하는 제품이나 서비스의 구매력을 끌어 올리는 것이다.

그럼 좋은 정보성 콘텐츠는 어떻게 만들까? 페이스북에서 주로 활용되는 콘텐츠는 이미지와 글을 올리는 콘텐츠, 링크를 첨부한 콘텐츠, 동영상 콘텐츠, 카드 뉴스 콘텐츠이다. 특히, 사람들이 이미지 중심의 콘텐츠를 선호하다보니 이미지 속에 글이 있어서 이미지를 넘겨 보면서 콘텐츠를 소비할 수 있는 카드 뉴스 콘텐츠를 활용하는 것이 좋다.

▲ 이미지와 텍스트를 활용한 콘텐츠

▲ 블로그 링크를 활용한 콘텐츠

▲ 기사 링크를 활용한 콘텐츠

▲ 사이트 링크를 활용한 콘텐츠

▲ 유튜브 링크를 활용한 콘텐츠

▲ 카드 뉴스를 활용한 콘텐츠

KT
9월 19일 오후 6:00 · 🌐

#KT멤버십 원픽 강다니엘의 모든것을 가져요~💜

KT멤버십만의 덕질 응원 서비스! #원픽 🎤
지금 가입하고 스페셜한 덕템들 받아가세요😊🎁
... 더 보기

TIP&Talk
원픽!(One-Pick)

여러분의 어덕행덕한 덕질 생활을 응원하기 위해 준비한 -1:35

👍❤️😍 967

댓글 74개 공유 55회

▲ 동영상을 활용한 콘텐츠

●●● 카드 뉴스 이미지 저작권을 확인하고 제작하자!

카드 뉴스 콘텐츠가 유행하면서 복잡한 그래픽 프로그램을 활용해 제작하지 않아도 다양한 툴을 제공하는 사이트나 프로그램들이 많이 개발되었다. 프레젠테이션 프로그램으로도 카드 뉴스 콘텐츠를 만들 수 있을 정도로 대중화되었다. 누구나 쉽게 카드 뉴스 콘텐츠를 만들 수 있다 보니 주의할 것이 생겼는데, 바로 '저작권'이다. 다음 그림처럼 이미지를 사용하고 출처만 밝히면 저작권에 안전할까?

▲ 카드 뉴스 콘텐츠

저작권은 일반적으로 많이 쓰이는 저작물의 사용 조건을 규격화해 네 가지 표준 라이선스를 정하고 있다. 이를 CCL(Creative Commons License)이라고 한다. 사진, 문서, 동영상 등에 CCL 마크가 있으면 저작물에 대한 이용 방법과 조건을 쉽게 알 수 있을 뿐 아니라, 저작권자에게 별도의 허락을 구하지 않고도 조건에 맞추어 자유롭게 창작물을 사용할 수 있다.

ⓒⓒ	저작물을 공유함.
🛈	**저작자 표시(attribution)** 저작자 이름, 출처 등 저작자에 대한 사항을 반드시 표시해야 함.
🚫$	**비영리(noncommercial)** 저작물을 영리 목적으로 이용할 수 없음.
=	**2차 변경 금지(no derivative)** 저작물을 변경하거나 저작물을 이용한 2차적 저작물 제작을 금지함.
↻	**동일 조건 변경 허락(share alike)** 동일한 라이선스 표시 조건 하에서의 저작물을 활용한 다른 저작물 제작 허용

▲ 저작물 사용 조건과 의미

하지만 보통 이런 CCL 마크를 제대로 확인하지 않고 사용하는 경우가 많다. 블로그 글에도 다음과 같이 CCL 마크를 확인할 수 있다.

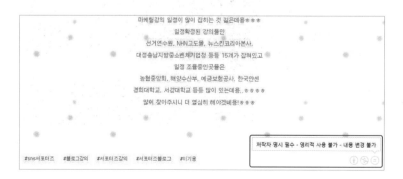

네이버나 다음에서 이미지 영역의 이미지 분류에서 CCL 옵션을 구분하여 검색할 수 있다.

▲ 네이버에서 이미지 검색 시 CCL 옵션 선택

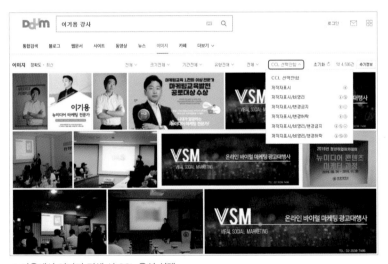

▲ 다음에서 이미지 검색 시 CCL 옵션 선택

✚ 저작권에 대한 오해 체크해보기!

저작권과 관련된 간단한 퀴즈를 풀어보면서 내가 잘못 알고 있는 것은 없는지 확인해 보자. 최근 저작권 관련하여 문제가 불거지고 있으므로 꼼꼼하게 알고 있어야 한다.

문제	O/X	
① 저작권 소유자를 밝히면 콘텐츠를 사용할 수 있다.	O	X
② '비영리'를 명시하면 어떤 콘텐츠라도 쓸 수 있다.	O	X
③ 다른 저작자의 콘텐츠를 1초만 사용해도 저작권 위반이다.	O	X
④ 다른 사람이 사용하면 나도 사용할 수 있다.	O	X
⑤ TV, 영화관 등에서 직접 녹음하고 녹화한 것은 사용할 수 있다.	O	X
⑥ '저작권 침해 의사 없음'이라고 명시해도 저작권 위반이다.	O	X

정답 : ① X ② X ③ O ④ X ⑤ X ⑥ O

인사관리 시스템을 운영하는 기업을 컨설팅한 적이 있다. 당시에는 페이스북 마케팅이 대세를 이루고 있던 상황이라, 해당 기업 역시 페이스북을 활용한 마케팅을 진행했는데, 눈에 띄는 성과가 나타나지도 않았고 구매전환율이 0%에 가까웠다고 했다.

업로드하는 콘텐츠의 기획이나 마케팅의 방향이 잘못되어 효과가 없었던 것이다. 또 브랜드의 인지도를 높이는 데에는 효과가 있었지만 구매전환율은 그리 높지 않아, 기업에서 원하는 효과를 얻지 못한 것이다.

이 기업에는 네이버를 활용한 마케팅을 하도록 컨설팅을 해주었다. 네이버의 다양한 채널에서 노출될 수 있는 방법을 컨설팅했더니 구매 요청이 눈에 띄게 늘어나는 결과가 나타났다.

유행하는 채널이기 때문에, 대세 채널이기 때문에 꼭 해야 할 필요는 없다. 아무리 좋은 마케팅 채널이라도 자신이 광고하고자 하는 제품(서비스)과 방향이 맞지 않다면 마케팅 효과는 떨어질 수밖에 없다. 따라서 내가 홍보하고자 하는 제품이나 상품이 무엇인지 확인하고 어떤 채널이 적절한지 잘 찾아서 시작해야 효과적인 결과를 얻을 수 있다.

CHAPTER
06

젊은 세대들의 SNS, 인스타그램

인스타그램은 유튜브가 급부상하기 전까지 가장 핫했던 마케팅 채널이었다. 지금도 20~30대 여성들에게는 가장 핫한 SNS라고 할 수 있다. 다른 마케팅 채널이 그랬던 것처럼 인스타그램도 내가 어떤 제품을 홍보하고자 하느냐에 따라 운영 효과가 달라질 수 있다. 지금부터 인스타그램의 운영 노하우를 알아보도록 하자.

●●● SNS의 핵인싸! 인스타그램

인스타그램(Instagram)은 '인스턴트(instant)'와 '텔레그램(telegram)'이 합쳐진 단어로 세상의 순간들을 포착하고 공유한다는 슬로건을 바탕으로 사진 및 동영상을 공유하는 소셜미디어 플랫폼이다. '먹다'와 '인스타그램'이 더해져 탄생한 '먹스타그램'을 비롯해 '럽스타그램', '멍스타그램'과 같은 다양한 관련 신조어까지 등장할 정도로 많은 인기를 누리고 있는 SNS 채널 중 하나다. 특히 20~30대 층은 인스타그램에서 해시태그를 검색해서 정보를 얻는 경우가 많아졌다.

이렇게 인기가 많은 인스타그램을 통한 마케팅이 나한테는 도움이 될까? 결론부터 이야기하면 인스타그램은 좋은 효과를 낼 수 있는 제품이나 서비스의 종류가 확실하다. 이외에는 시간 투자 대비 효과가 생각보다 낮다. 2018년 인스타그램에서 가장 인기 있었던 해시태그는 크게 6가지로 분류된다. 'fashion, food, childcare, travel, pet, K-pop'이 가장 인기 있었던 해시태그 종류이다. 즉, 이 여섯 가지 종류에 해당하는 제품이나 서비스가 인스타그램 마케팅에 가장 효율적이라고 볼 수 있다.

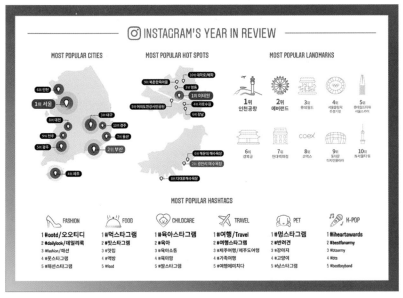

▲ 인스타그램에서 인기 있었던 해시태그

유명 외식 사업가 백종원 대표의 인터뷰 기사 중에 "식당에 대한 평가 점수에서 맛이 차지하는 비중은 30% 정도이고, 나머지 70%는 그릇이나 음식을 담은 모양새, 식당 분위기나 인테리어, 유명한 연예인이 왔다 간 집 등 환경적인 요인이 크다."라는 문장이 있다. 또, 외식 브랜드 전문가 노희영 대표의 인터뷰 기사 중에는 "지금은 이 음식이 맛있게 보이느냐, 사진을 찍고 싶으냐가 더 중요한 시대다."라는 문장이 있다. 그만큼 맛있는 것을 먹는 것도 중요하지만, 어느 음식점에 가서 이 음식을 먹고 왔다는 인증샷을 남기는 것이 중요한 시대가 됐다는 뜻이다. 인증샷을 찍고 싶은 음식이 나오는 곳 또는 사진 몇 장을 보고 나도 먹고 싶다는 생각이 들게 하는 곳과 같은 '음식, 소품, 핫플레이스' 등과 관련된 제품이나 서비스라면 인스타그램에서는 효과적이다.

패션이나 외모에 관련된 제품이나 서비스도 마케팅 효과가 좋은 편이다. 필자는 광고회사를 운영하면서 내 브랜드를 갖고 싶어 고민하다가 '이고지'라는 여성 의류 쇼핑몰을 운영한 적이 있다. 어느 날 검은색 원피스의 매출이 폭증한 상황이 발생하였고 그 이유를 찾기 위해 상품을 분석해 보기 시작했다. 하지만 아무리 봐도 잘 팔리는 이유를 찾지 못한 채 자사의 쇼핑몰 상품 페이지를 확인했다. 매출 증대의 원인은 단순했다. 원피스 입은 모델의 사진이 너무 예쁘게 나왔던 것이다.

▲ 이고지 쇼핑몰

우스갯소리로 하는 말 중에 '강동원은 흰 티에 청바지만 입어도 잘생겼다'라는 말이 있다. 그럼 누구나 청바지에 흰 티를 입는다고 잘생겨 보일까? 절대 아니다. 앞에 말한 원피스도 마찬가지다. 사진을 보고 '아! 예쁘다'라는 생각이 들어서 사는 것이지 '나랑 잘 어울릴까?'를 먼저 고민하지는 않는다. 이런 이유로 에스테틱샵이나 헤어샵 등 외모에 관련된 제품이나 서비스 등은 인스타그램 마케팅의 효과가 굉장히 높은 편이다.

다수의 정부부처 및 지자체 등 공공기관에서도 인스타그램을 시도했지만, 공공기관의 특성과 인스타그램 사용자층이 맞지 않아 적절한 효과가 나타나지 않고 있다. 대부분의 공공기관은 팔로워 수도 적고, 이벤트를 통해 팔로워 수가 늘어났다 하더라도 콘텐츠에 대한 반응을 볼 수 있는 '좋아요' 수가 굉장히 적은 편이다.

반면 운영이 잘 되고 있는 공공기관들도 있다. 대표적인 기관이 한국관광공사이다. 한국관광공사 인스타그램은 팔로워 수가 20만 명이 넘고, 콘텐츠 '좋아요' 수가 평균적으로 약 5,000개가 달릴 정도로 효과적으로 운영되고 있다. 앞에서 이야기했던 가장 인기있는 해시태그 중 'travel'에 관련된 콘텐츠들을 다루고 있어 팔로워 수와 '좋아요' 수가 많은 것이다.

▲ 한국관광공사 인스타그램

그럼 가장 인기 있는 해시태그 종류인 'fash-ion, food, childcare, travel, pet, K-pop' 등을 제외하면 인스타그램 마케팅의 효과는 없을까? 금융업계를 살펴보자. 여러분이 생각할 때 인스타그램과 은행은 맞는 분야인가? 잠시 생각해보고 예를 읽어보기 바란다. 다음은 국민은행에서 운영하는 인스타그램의 게시물이다. 국민은행 공식 인스타그램임에도 불구하고 게시글에 '좋아요' 수는 64개밖에 되지 않는다. 물론 '좋아요' 수가 해당 콘텐츠의 반응을 보여주는 절대적인 척도는 되지 않지만 적은 숫자임은 분명하다.

이번에는 국민은행에서 운영하는 인스타그램의 이벤트 게시글을 확인해 보자. 이벤트 참여방법이 인스타그램 이벤트 게시물에 '좋아요' 누르기가 포함되어 있음에도 불구하고 '좋아요' 수는 253개밖에 되지 않는다.

물론 사람들이 좋아하는 아이돌 가수 BTS가 들어간 콘텐츠가 포함된 게시글에는 '좋아요' 수가 2천 개가 넘었지만, 연예인 등을 활용한 콘텐츠가 아니면 반응을 거의 하지 않는다.

금융업 중에서도 특별한 방법으로 성공한 사례가 바로 '카카오뱅크'다. 카카오뱅크는 2019년 3월 기준으로 벌써 약 900만 명의 고객을 보유하고 있다. 국민은행 고객이 약 3천만 명 수준인 것을 감안하면 2년 만에 엄청난 성과를 거둔 것이다. 카카오뱅크가 인기를 얻게 된 요인으로 크게 2가지를 꼽는데, 첫 번째는 은행에 직접 가지 않아도 되는 편리함이고, 두 번째는 카카오프렌즈를 잘 활용했다는 점이다.

인스타그램에서 해시태그로 국민은행을 검색하면 '국민은행'을 해시태그로 쓴 글은 약 2만 2천 개, '하나은행'을 해시태그로 쓴 글은 약 2만 개 정도이다. 반면, 출시한 지 2년밖에 안 된 카카오뱅크를 해시태그로 쓴 글은 약 4만 4천 개나 된다.

▲ '국민은행' 해시태그 검색 시 인기 게시물

▲ '하나은행' 해시태그 검색 시 인기 게시물

여기서 더 주목해야 할 점은 하나은행이나 국민은행을 해시태그로 쓴 콘텐츠들은 대부분 사람 얼굴이 나와 있는 반면, 카카오뱅크를 해시태그로 쓴 콘텐츠의 대부분은 카카오프렌즈 캐릭터가 나온 카드나 통장이다. 직접 인스타그램을 효율적으로 운영할 수도 있지만, 이렇게 사람들이 자발적으로 사진을 찍어 올리고 싶은 제품이나 서비스가 마케팅에 훨씬 더 효과적이다.

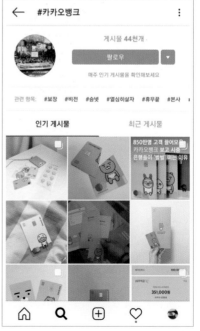

▲ '카카오뱅크' 해시태그 검색 시 인기 게시물

블루보틀 또한 인스타그램 마케팅의 성공 사례로 꼽을 수 있다. '블루보틀'을 해시태그로 한 인스타그램 게시글은 약 20만 개이고 게시글의 대부분은 사람들이 직접 블루보틀에 방문한 후 인증샷을 올린 콘텐츠들이다.

블루보틀 관련 기사에는 '프랜차이즈가 삼청동을 띄운다', '블세권'이라는 말까지 있을 정도다. 인스타그램의 가장 큰 특징 중 하나가 자랑하고 싶은 욕구를 표출하는 것이다 보니 이렇게 인증샷을 남기기 좋은 것들은 인스타그램 마케팅에 효과가 좋다.

▲ '블루보틀' 해시태그 검색 시 인기 게시물

인증샷의 가장 대표적인 사례는 챌린지이다. 가수 지코의 '아무노래챌린지' 영상이나 '덕분에챌린지'는 인스타그램에서 많이 업로드되며 인기를 얻고 있다.

●●● 인스타그램 활용 시 꼭 알아야 할 팁

인스타그램을 운영할 때 알아두면 좋은 팁을 소개한다.

① 팔로워 수를 늘리고, 충분히 소통하라!

인스타그램은 해시태그 기반의 SNS이다. 따라서 해시태그를 검색하여 원하는 콘텐츠를 접한다고 생각하지만, 피드 목록에 나타나는 콘텐츠들을 소비하는 경우가 훨씬 더 많다. 피드 목록은 이웃들의 사진과 콘텐츠를 확인하는 것이기 때문에 시간이 날 때마다 수시로 확인할 수 있지만, 해시태그 검색은 필요한 콘텐츠를 검색해 확인하기 위함이므로 서로 다른 성격을 가진다고 봐야 한다.

그럼 노출되는 피드 목록 순서는 어떤 기준으로 결정될까? 인스타그램 피드를 순서대로 살펴보면 1일 전, 5시간 전, 광고, 12시간 등과 같이 시간 순서대로 나타나지 않는다. 그럼 어떤 글들이 내 계정 피드에 더 뜨는 것일까? 보통 자신 계정과의 친밀도에 따라서 달라진다. 팔로워 100만 명인 셀럽의 글이라고 해서 무조건 내 피드에 더 많이 표시되지 않으며 팔로워가 100명밖에 안 되는 계정의 글이라고 해서 내 피드에 잘 표시되지 않는 것도 아니다. 내가 얼마나 자주 콘텐츠를 소비하거나 '좋아요'나 '댓글' 등의 액션을 취했는지에 따라 피드에 나타난다.

인스타그램은 운영할 때 팔로워를 늘려서 많은 사람들의 계정 피드 목록에 자신의 콘텐츠가 나타나게 하는 것도 중요하지만 이벤트 등을 통해서 사람들이 자신의 계정과 소통이 이루어지도록 함으로써 팔로워하고 있는 사람들의 계정에 자주 노출되는 것이 더 중요하다.

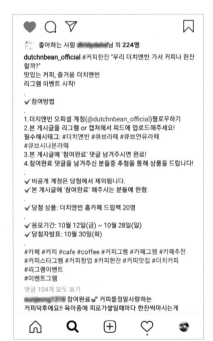

② 비즈니스 계정을 활용하라!

인스타그램의 계정은 '개인 계정'과 '비즈니스 계정'으로 구분된다. 페이스북과 비교하면 '페이스북 개인 아이디'가 '개인 계정'이고 '페이스북 페이지'가 '비즈니스 계정'이다. 하지만 인스타그램의 비즈니스 계정은 페이스북과는 달리 별도의 계정을 만들지 않고 기존에 운영하던 개인 계정을 비즈니스 계정으로 전환할 수 있다.

그렇다면 왜 비즈니스 계정을 활용해야 할까? 비즈니스 계정과 개인 계정의 가장 큰 차이점은 홍보가 가능하다는 것이다. 인스타그램도 스폰서 광고가 가능한데 비즈니스 계정만 광고 진행이 가능하다. 두 번째 차이점은 비즈니스 계정은 전화하기, 이메일 주소 등을 추가할 수 있다는 것이다. 브랜드에 대한 자세한 정보들을 제공할 수 있기 때문에 비즈니스 계정으로 전환하여 활용하는 것이 마케팅 진행에 효과적이다.

▲ 인스타그램 개인 계정

▲ 인스타그램 비즈니스 계정

비즈니스 계정으로 변경하는 방법은 다음과 같다.

❶ 오른쪽 상단에 '☰' 클릭 ❷ 하단에 [설정] 클릭 ❸ [계정] 클릭

❹ [프로페셔널 계정으로 전환] 클릭 ❺ [크리에이터] 혹은 [비즈니스] 선택

크리에이터는 인플루언서들이 활용하기에 적합하고, 마케팅을 위한 경우에는 비즈니스를 선택하면 된다.

③ 제품에 태그를 걸어라

요즘은 SNS에서 상품을 구매하는 경우가 많아졌다. 인스타그램은 게시글이나 댓글에서 링크를 클릭할 수 없기 때문에 보통 프로필 하단 링크를 클릭하게 하거나 제품 태그를 통해 제품 판매가 가능하다.

 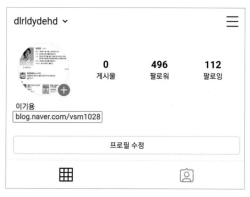

▲ 클릭이 안 되는 인스타그램 게시글 속 링크　　▲ 프로필 영역에 링크 걸기

인스타그램에 제품 태그를 설정하기 위해서는 페이스북에서 먼저 제품 등록을 한 후 인스타그램과의 연동이 필요하다.

❶ 페이스북에서 페이스북 페이지를 생성한 후 페이지 상단에 있는 [설정]을 클릭한다.

❷ [템플릿 및 탭]-[탭 추가]를 클릭한다.

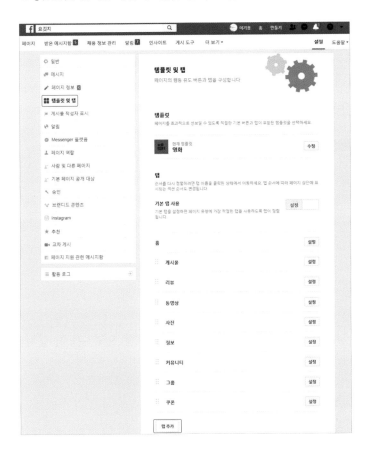

❸ [샵] 메뉴의 [탭 추가]를 클릭한다.

❹ 페이지의 메인에서 [샵]을 클릭한다.

❺ [제품 추가] 버튼을 클릭하여 [제품 추가] 팝업창이 나타나면 '사진, 이름, 가격, 설명, 결제 URL'을 입력한 후 [저장]을 클릭한다.

❻ 다시 인스타그램을 실행하고 오른쪽 상단에 '≡'를 클릭–[설정]–[비즈니스]–[제품 판매 기능 신청] 메뉴를 클릭한다.

❼ 게시글을 올릴 때 제품을 태그한다.

CHAPTER

07

가장 핫한 채널 유튜브!
영상도 모르는 내가?

요즘 SNS 중 가장 핫한 채널을 꼽으라면 단연 유튜브일 것이다. 유튜브는 현재 전 연령대에서 고루 활용하고 있고, TV를 대체하는 수단이 되고 있다. 실제로 TV 예능프로그램이 예전에는 시청률이 20%를 넘어야 대박이었다면, 지금은 3%만 넘어도 잘됐다고 할 정도로 유튜브와 OTT 플랫폼이 TV를 대체하고 있다. 뿐만 아니라 검색 채널로도 입지를 굳히는 중인데 네이버 다음으로 가장 많이 검색하는 채널이 바로 '유튜브'라고 한다. 이렇게 세력을 키워가고 있는 유튜브 채널을 무시하고 마케팅을 하기란 쉽지 않다. 이번 장에서는 유튜브에 대해 정확하게 알고 활용하는 방법을 알아보도록 하자.

●●● 왜 유튜브가 가장 핫한 것일까?

2018년부터 가장 핫한 채널로 유튜브가 뜨고 있다. 유튜브가 주목받는 이유는 무엇일까? 크게 다섯 가지 정도로 정리해 볼 수 있다.

첫째, 국내 전 연령대에서 가장 오랜 시간 사용한 앱 1위가 유튜브이다. 총 체류시간을 집계하는 방식으로 구분했을 때 카카오톡, 네이버, 페이스북을 제치고 유튜브가 1위를 차지했다. 물론 동영상이다 보니 체류 시간이 길 수밖에 없지만, 가장 오래 활용하고 있는 것도 사실이다.

둘째, 20~30대가 인스타그램에서 해시태그로 검색을 한다면 10대는 주로 유튜브에서 검색한다. 예전에는 네이버나 구글, 다음 등 포털에서 검색을 했다면, 이제는 인스타그램뿐만 아니라 유튜브에서 검색을 통해서 궁금증을 해결하고 있는 것이다.

셋째, 세대 문제 때문이다. 베이비붐 세대, X세대에 이어 밀레니얼 세대는 2018년 기준으로 세계인구의 25%를 차지하고 노동인구 기준으로는 3분의 1일을 차지하면서 사회 전반에서 주축 세대로 자리 잡아가고 있다. 밀레니얼 세대의 특징은 어렸을 때부터 디지털에 익숙해 SNS로 소통하는 게 더 자연스러우며 온라인상에서 정보 검색 등을 통해 의사결정을 하는 경우가 많다. 그렇다 보니 SNS 마케팅이나 온라인 마케팅을 많이 활용하는 것이다.

한 유아 전문기업에서 조사한 결과에 따르면 생후 18개월 전에 약 78%가 영상물을 처음 경험하고 이 영상물을 경험하는 채널 중 30%가 유튜브였다. 다시 말해 밀레니얼 세대가 디지털에 익숙했다면 그다음 세대인 포스트 밀레니얼 세대는 영상물, 특히 유튜브에 익숙해 있기 때문에 쉽게 놓지 못하는 채널이 되는 것이다.

넷째, 50대 이상이 유튜브를 굉장히 많이 활용하고 있다. 앱 분석 업체 와이즈앱에서 안드로이드 이용자 3만 3천 명 중 50대 이상을 분석한 결과 2019년 4월 기준으로 '다음'을 15억 분 사용하고, '네이버'를 39억 분, '카카오톡'을 60억 분, '유튜브'를 101억 분을 사용한다는 결과가 나왔다. 다음이나 네이버 같은 포털보다도, 심지어 카카오톡보다도 유튜브를 더 많이 활용하는 것이다. 유튜브를 가장 많이 사용하는 세대가 10대 다음으로 50대 이상이라는 말이 있을 정도로 유튜브 활용 비율이 높다.

●●● 나도 유튜브 도전?

많은 사람들이 유튜브를 '기회의 땅'이라고 말한다. 하지만 생각보다 성공하는 사람은 많지 않다. 누구나 할 수 있지만, 아무나 성공할 수 없다는 말이 가장 잘 어울리는 채널이 '유튜브'다. 내가 열심히 촬영해서 올린 영상을 많은 사람들이 볼 것이라고 생각하지만 사람들은 쉽게 재생 버튼을 누르지 않는다. 채널 구독자 수나 영상 조회 수가 쉽게 늘지 않으니, 몇 번 업로드해 보고 포기하게 된다.

유튜브가 기회의 땅인 것은 맞지만 블루오션 공간은 아니다. 이미 레드오션이 되고 있고, 셀럽이나 연예인들이 유튜브로 넘어오기 시작하면서 레드오션은 더 심화되고 있다. 내가 만든 영상과 연예인이 나오는 영상이 있다면 어떤 것을 보겠는가? 연예인이 나오는 영상을 더 선호하는 것은 당연하다. 대표적으로 백종원 대표가 운영하는 '백종원의 요리비책'이라는 유튜브가 있다. 2019년 6월 11일에 유튜브 채널을 만들었는데 개설 3시간 만에 구독자수 10만 명을 넘기고, 개설 하루도 안 되어서 구독자수가 70만 명이 넘었다. 6월 13일 오후 6시경에는 구독자가 100만 명이 넘었다. 채널을 개설한지 사흘 만에 100만 명을 넘긴 것이다. 그리고 2020년 8월 31일 기준으로 구독자 숫자는 약 427만 명이 넘었다. 이처럼 유명한 사람들이 채널들을 운영하기 시작하면서 레드오션으로 바뀌고 있다.

▲ 인기 유튜버 '백종원'의 유튜브 채널

그럼 어떻게 해야 유튜브로 성공할 수 있을까? 좋은 장비를 바탕으로 퀄리티 높은 영상을 만들고 엄청난 것들을 기획해서 기획 영상을 만들어야 할까? 물론 그러면 상대적으로 사람들이 내 콘텐츠를 소비할 확률이 올라갈 것이다. 하지만 꼭 그렇게 한다고 해서 사람들이 내 콘텐츠를 무조건 소비하는 것도 아니다.

장비가 무조건 중요한 것이 아니라는 것을 보여주는 유튜브 채널 중에 '띠예'라는 채널이 있다. 2018년 11월부터 ASMR(자율감각 쾌락반응) 콘텐츠를 다루는 유튜브 채널을 운영한 띠예는 2020년 8월 기준 유튜브 구독자수가 80만 명을 넘었다. 운영 기간도 길지 않고 올라간 동영상 개수도 많지 않을 뿐만 아니라 좋은 마이크도 아닌 이어폰 마이크를 활용하고 있는데 말이다. 이는 반드시 좋은 장비를 사용하지 않더라도 콘텐츠가 사람들이 관심 있어 하는 것이라면 구독자수는 자연스럽게 늘어난다는 것을 의미한다.

▲ 인기 유튜버 '띠예'의 유튜브 채널

그럼 탄탄한 스토리로 잘 기획한 영상들만 대박이 나는 것일까? 비용을 많이 들이고 시간과 정성을 많이 들인 기획 영상들일수록 사람들이 반응할 확률이 높아질 수는 있다.

하지만 다음 영상을 보자. 한 농부가 두더지를 잡아서 빨간 대야에 넣고 9분 정도 방송을 한다. 영상에서는 한 농부가 구수한 사투리를 쓰면서 농작물에 피해를 주는 두더지를 어떻게 잡아야 하는지 말하면서 대야 안에 있는 두더지의 모습을 보여준다. 특별한 연출이나 기획이 없는 이 영상은 2020년 8월 기준으로 조회 수가 611만 명이 넘는다. 이것을 보면 어떤 콘텐츠가 주목을 받을지 알 수 없다.

어떤 영상이 주목받을지도 모르고 내가 올린 영상들의 조회 수가 얼마 되지 않으니 하지 말라는 소리로 들릴 수도 있겠지만 오히려 반대다. 사람들이 내 영상을 보지 않더라도 어떤 영상이 화재가 될지 모르니 꾸준히 영상을 업로드하는 것이 중요하다.

다만, 시간적인 여유가 없다면 시간 투자 대비 효율이 좋은 마케팅 채널을 먼저 활용하는 것이 좋다. 특히 네이버 같은 포털은 반응이 빨리 오는 경우가 많기 때문에 이런 채널들을 먼저 활용하는 것이 좋고, 유튜브의 파급력이 큰 것은 사실이므로 유튜브 채널을 운영한다면 꾸준히 길게 보고 운영하는 것이 좋다.

●●● 유튜브 운영 시 알아두면 좋은 팁

유튜브를 운영할 때 알아두면 좋을 팁 4가지를 소개한다.

① 유튜브에서 검색하는 키워드를 공략한다.

앞에서 말한 것처럼 인스타그램이나 포털뿐만 아니라 유튜브에서도 검색을 통해 궁금증을 해결하기 때문에 유튜브에서 검색했을 때 노출되는 것도 중요하다.

▲ 유튜브에서 '먹방' 키워드 검색 시 결과 화면

유튜브에서 해외여행 준비물을 검색해보자. 1위에 있는 글은 '해외여행 갈 때 꼭 챙겨야
할 준비물 10가지 – 여행하는 유블리 여행 travel vlog'이다.

▲ 유튜브에서 '해외여행준비물' 키워드 검색 시 결과 화면

영상을 클릭해 정보를 확인하니 '여행하는 유블리'라는 유튜브였다. 이 유튜브 채널은
2020년 8월 기준으로 약 5,900여 명의 구독자수를 가지고 있다. 약 6천여 명의 구독자는
적지는 않지만 많지도 않은 구독자 숫자이다. 최근 업로드된 영상의 조회 수를 보면 1주
전 영상이 조회 수 860회, 3주 전 올라간 영상이 1,200회, 1개월 전 올라간 영상이 2,100
회, 2,200회 정도이다. 업로드된 영상의 평균 조회 수는 구독자수의 1/3인 약 1,000회
정도 조회가 되고 있었다.

▲ '여행하는 유블리' 유튜브 채널

하지만 검색해서 들어간 해외여행 갈 때 꼭 챙겨야할 준비물 10가지 영상은 조회 수가 약 314,000회가 넘는다. 왜 그런 것일까? 인기 업로드 영상 리스트를 보면 1년 전에 올라간 '괌 여행코스 BEST10' 콘텐츠의 영상 조회 수는 약 6만이고, 2년 전에 올라간 여자 '혼자 가기 좋은 해외 여행지 베스트3' 콘텐츠의 영상 콘텐츠는 조회 수는 약 58,000회이다. 영상을 업로드한지 오래되었다고 해서 조회 수가 더 높은 것은 아님을 알 수 있으며, 이는 검색을 통해서 들어온 사람들이 조회를 했다는 것을 확인할 수 있다.

그렇다면 어떻게 해야 노출하는 데 도움이 될까? '먹방'을 검색해 보면 공통점이 있다. 바로 제목에 '먹방'이라는 단어가 들어가 있다는 것이다.

▲ 유튜브에서 '먹방' 키워드 검색 시 결과 화면

마찬가지로 '해외여행 준비물'을 검색했을 때 나온 영상들을 보면 광고를 제외하고 1위 ~4위까지의 글 제목에 '해외여행'과 '준비물'이라는 단어가 들어 있다. 그럼 노출하는 데 가장 중요한 요소 중 한 가지가 어떤 것인지 알 수 있다. 바로 제목에 내가 노출시키고 싶은 키워드를 활용하는 것이다. 물론 그 외에도 CTR(노출클릭률)이나 평균지속 시청시 간 등 다른 요소들도 중요하지만 우선 기본 요소 중에 하나가 제목에 키워드를 활용하는 것이다.

▲ 유튜브에서 '해외여행 준비물' 키워드 검색 시 결과 화면

이번에는 '금전거래, 부동산, 소비자 권리, 형사사건 등 실생활에 꼭 필요한'이라고 검색 을 해봤다.

▲ 유튜브에서 '금전거래, 부동산, 소비자 권리, 형사사건 등 실생활에 꼭 필요한' 검색 시 결과 화면

첫 번째 노출된 콘텐츠를 클릭하여 들어가면 영상 설명 텍스트에 해당 단어들이 있는 것을 확인할 수 있다.

▲ 유튜브 키워드 노출 화면

그럼 키워드로는 어떤 것을 사용해야 할까? 구글, 인스타그램, 유튜브는 사람들이 해당 키워드를 몇 번이나 조회하는지에 대한 정보를 제공하지 않는다. 이럴 때에는 정확한 정보를 제공해주는 네이버 키워드 조회 수 검색을 활용하면 좋다. 검색하는 키워드는 어느 채널에서든 거의 비슷하기 때문이다. 네이버에서는 '강남맛집'이라고 검색하고 유튜브에서 '강남에서 제일 맛있는 곳'이라고 검색하지는 않을 것이다. 채널별로 검색하는 단어는 조금씩 다를 수 있지만 큰 틀에서는 유사한 키워드를 사용하기 때문에 네이버 키워드 검색을 적극 활용하는 것이 좋다. 키워드 활용법에 대한 자세한 방법은 PART 03에서 다룰 예정이다.

② 사람들이 많이 접속하는 시간대를 노려라!

사람들은 기본적으로 구독하고 있는 채널의 영상을 소비한다. 유튜브 이용자 1인 평균 9.5개의 채널을 구독하고 있으며, 내 영상을 소비하도록 유도하기 위해서는 사람들이 주로 유튜브를 시청하는 시간대에 영상을 올리는 것이 좋다. 보통 대중교통을 이용하여 이동하는 출근시간, 퇴근시간과 휴식시간인 점심시간, 그리고 저녁 21시~자정 사이에 유튜브 영상을 시청하므로 이 시간대 직전에 영상을 올리는 것이 도움이 된다.

③ 썸네일 선택이 중요하다!

사람들이 검색을 한 후 나오는 결과 중 가장 상단에 배치된 영상을 바로 볼까? 포털에서도 마찬가지겠지만 어떤 키워드를 검색했을 때 무조건 상단에 있는 글을 보지는 않는다. 보통 제목과 대표 이미지를 보고 선택한다. 또, 페이스북이나 인스타그램도 넘기면서 보다가 글이나 이미지에서 보고 싶은 콘텐츠가 있으면 자세히 보게 된다. 유튜브도 마찬가지이다. 좀 더 끌리는 제목과 썸네일을 활용해야 사람들이 내 영상을 클릭해서 보게 될 것이다. 예를 들어 메이크업 브러시와 관련된 영상이라면 브러시 사진은 물론, 브러시를 활용한 메이크업 후의 얼굴 사진을 썸네일로 넣는다면 메이크업에 관심이 있어 검색한 사용자들의 클릭을 유도할 수 있을 것이다.

▲ 유튜브에서 '메이크업 브러쉬' 검색 시 결과 화면

④ 다른 채널들을 활용해서 내 영상을 접하도록 만들어라!

유튜브 메인은 접속한 사용자마다 추천해주는 영상이 다르다. 그 사람이 지금까지 본 영상이나 본 영상과 비슷한 영상, 내가 본 영상을 만든 사람의 다른 영상이 목록에 표시된다. 유튜브 영상을 시청할 때 옆에 나오는 영상도 마찬가지이다. 유튜브의 로직에 의해 누군가가 내 유튜브 채널을 구독하지 않고 영상을 접하기만 해도 내 영상들이 그 사람에게 보여질 확률이 생기는 것이다.

▲ 유튜브 메인 화면

▲ 유튜브 추천 다음 동영상

다른 SNS 등을 활용해 내 유튜브 영상을 어떻게든 접하게 만드는 것도 중요하다. 페이스북, 인스타그램, 블로그 등 다른 SNS에서 유튜브 링크를 걸어주는 것이다. 그 링크를 클릭하여 사람들이 내 유튜브에 들어오게 되면 그 사람의 유튜브 메인이나 추천 영상에 내 영상이 뜰 확률이 높아지게 된다.

▲ 페이스북에 유튜브 콘텐츠 링크 첨부

유튜브 상위노출 비법 용어 알기
CTR과 평균 지속 시청시간

· CTR(Click Through Rate)

CTR은 '노출클릭률'이라고 하는데 노출된 영상에 대한 클릭률이다. 예를 들면 추천된 영상으로 100번 노출이 되었는데 1번 클릭되었으면 CTR은 1%인 것이다. 당연히 사람들이 많이 선택을 해야 좋은 영상이라고 인지되기 때문에 CTR은 높을수록 좋다. 보통 5~7% 이상 받는 것이 좋다.

그럼 CTR은 어떻게 올릴 수 있을까? 가장 중요한 것은 썸네일과 제목이다. 사람들이 영상 재생 여부를 결정할 때 썸네일과 제목을 보고 선택하기 때문이다. CTR이 잘 나오지 않는 영상은 썸네일이나 제목을 수정하는 것이 좋다.

· 평균 지속 시청 시간

평균 지속 시청 시간은 하나의 영상을 얼마나 오랫동안 봤느냐이다. 예를 들어 10분짜리 영상인데 3분을 봤으면 30%인 것이다. 시청 시간이 길어야 좋은 영상이라고 생각하기 때문에 평균 지속 시청 시간은 긴 것이 좋다. 그럼 1분짜리 짧은 영상을 올리면 잠시만 봐도 50%, 70%를 보니까 좋은 것이라고 생각할까? 정답은 아니다. 긴 영상에 대한 시청 지속 시간이 긴 것이 좋다. 오랜 시간동안 영상에 머물렀다는 것은 좋은 콘텐츠일 것이라고 생각하기 때문이다. 너무 짧은 영상보다는 약 10분 정도 영상을 활용하는 것이 좋다.

PART 02

내 마케팅 채널로 사람들을 유입시키자

기업이 마케팅을 수행하는 데 세 가지 채널이 있다. 페이드 미디어, 온드 미디어, 언드 미디어가 그것이다. 이 중 페이드 미디어(Paid Media)란 판매 미디어를 뜻한다. 각 브랜드가 가지고 있는 자체 보유 미디어들인 온드 미디어(Owned Media)에 트래픽을 유도하는 것이다. 오프라인으로 치면 지하철 광고, 버스 광고가 페이드 미디어(paid Media)에 해당한다.

페이드 미디어는 브랜드 블로그나 브랜드 인스타그램, 페이스북 페이지에 내 콘텐츠들을 쌓았을 때 비용을 내고 SNS에 방문하게 만드는 방식이다. 물론 내가 운영 중인 마케팅 채널에 비용을 내지 않고도 사람들이 방문하게 할 수 있지만, 초기에는 많은 팔로워나 구독자 없이 내 콘텐츠가 상위에 노출되는 것이 어렵기 때문에 비용을 내고 보다 쉽게 방문하도록 만드는 것이다. 이번 파트에서는 비용을 쓰더라도 어떤 채널에 비용을 쓰는 것이 좋은지를 알아야 저비용으로 고효율을 가져올 수 있기 때문에 잘 알고 접근하는 방법을 알아보고자 한다.

CHAPTER
01

포털을 활용하면 돈이 보인다

사람들은 어떤 정보가 필요할 때 주로 포털에서 검색한다. 포털은 기업이다 보니 수익을 창출해야 하기 때문에 클릭하기 가장 좋은 위치에 광고를 둔다. 이 가장 좋은 위치에 있는 포털 광고 중 어떤 것을 활용해야 비용 대비 효과가 좋을지 알아보도록 하자.

●●● 파워링크 아직도 효과가 있나요?

사람들이 정보를 얻기 위해서 네이버에서 검색하면 가장 먼저 접하는 채널이 있다. 바로 '파워링크'이다. 네이버에서 '결혼준비'를 검색하면 통합검색에서 가장 위에 파워링크가 표시된다.

▲ PC에서 '결혼준비' 키워드 검색 시 파워링크

모바일에서 검색 시에도 통합 영역의 가장 처음에 '파워링크'가 표시되는 것을 확인할 수 있다.

그렇다면 가장 위에 노출되니 효과가 가장 좋을까? 절대 아니다. 파워링크는 누구나 쉽게 할 수 있고 가장 상위에 노출되는 채널이다 보니 수요도 많고 경쟁도 심하다. 또한, 파워링크에 노출되는 순서가 경쟁 입찰 방식이고, 광고비는 CPC(Cost Per Click) 방식으로 클릭할 때마다 금액이 발생한다.

정리하자면 파워링크는 클릭할 때마다 비용이 빠져나가며, 순위는 클릭당 비용을 높게 책정할수록 더 높은 순위에 노출된다. 그렇다 보니 다른 마케팅 채널에 비해 비용투자대비 효율이 떨어지

▲ 모바일에서 '결혼준비' 키워드 검색 화면

는 것은 사실이다. 우스갯소리로 초창기에 비해 광고비는 2배가 나가는데 문의는 절반이라는 말이 괜히 나오는 것이 아니다.

그럼 비용 투자 대비 효율이 떨어지니 할 필요가 없는 것일까? 파워링크가 상위에 노출되는 채널이라는 장점을 그냥 버리기엔 조금 아쉽다. 가장 좋은 방법은 광고비 예산을 책정했다면 우선 파워링크에는 많은 비용을 책정하지 않는 것이 좋다. 사람들이 누구나 많이 검색하는 주요 키워드들은 단가가 비싸므로 주요 키워드보다는 저렴한 세부 키워드들을 활용하는 것이 좋다. 또, 무조건 1위에 노출시키려고 하지 말고 3위 정도나 그 이하 수준으로 노출하면서 처음부터 너무 많은 비용을 사용하지 않는 것이 바람직하다.

주요 키워드	세부 키워드 1	세부 키워드 2
송도미용실	인천송도미용실	송도신도시미용실
가평펜션	가평경치좋은펜션	가평럭셔리펜션

※ 세부 키워드는 주요 키워드를 검색했을 때 하위에 나열되는 키워드를 말한다.

●●● 파워링크 직접 운영? vs 대행사 의뢰?

파워링크를 설정하기 위해서는 네이버에서 '네이버 광고'라고 검색하면 표시되는 광고 플랫폼에서 직접 설정하거나 대행사에 의뢰할 수 있다.

직접 운영하는 것과 대행사에 맡기는 것은 어떤 차이가 있을까? 직접 운영했을 때 장점은 첫째, 사용한 광고비의 5%를 익월에 돌려받을 수 있다. 초기에 광고비를 조금이라도 아껴야 하는 상황이라면 이 5%를 다시 광고비로 사용할 수 있다. 둘째, 빠른 일 처리가 가능하다. 공식 대행사나 대대행사 등 광고 회사들에 뭔가를 요청하면 피드백이 느리고 답답한 경우가 있는데 직접 진행하면 보다 처리가 빨라질 수 있다. 반면, 온라인 광고에 대한 개념이 전혀 없는 경우에는 많은 시간이 소요된다. 그 시간을 다른 곳에 쓰는 것이 효율적이라고 생각한다면 대행사에 의뢰하는 것이 적절하다.

대행사에 의뢰하는 경우의 가장 큰 장점은 모든 등록을 대행해주기 때문에 시간을 절약할 수 있다는 것이다. 또, 네이버 광고는 '품질지수'라는 것이 있어 품질지수가 높을수록 입찰가 절감 효과가 생길 수 있는데 대행사는 전문적으로 운영할 수 있기 때문에 잘 관리해줄 수 있다.

✚ 검색광고 대행사 이용 시 주의사항

파워링크뿐만 아니라 앞으로 설명할 파워콘텐츠, 쇼핑광고, 지역소상공인광고, 브랜드검색 등을 모두 '검색광고'라고 한다. 검색광고를 진행할 때 직접 하거나 대행사를 활용할 수 있다. 자신의 시간이 중요한지, 비용 절약을 위해 내가 직접 운영하는 것이 중요한지는 판매자가 결정해야 할 몫이지만 대행사에 맡기는 경우라면 기본은 알고 의뢰하는 것이 좋다.

파워링크는 CPC(Cost Per Click)이므로 클릭할 때마다 비용이 발생한다. 이 말은 주간이나 월간 보장형 광고가 없다는 것이다. 종종 어떤 키워드를 1순위에 보장해준다고 하면서 1년치 비용으로 구매를 종용하는 업체가 있는데 이는 명백한 거짓 정보이니 걸러야 한다. 또한 네이버는 고객센터 외에는 본사 차원에서 광고대행을 하지도 않고 영업도 하지 않는다. 네이버에 지도만 등록되어도 네이버라고 하면서 영업전화를 하는 경우가 많으므로 주의해야 한다. 다른 광고들도 마찬가지겠지만, 네이버 광고는 담당자와의 커뮤니케이션이 중요한데 처음부터 거짓으로 다가오는 사람들은 신뢰하지 않는 것이 좋다.

뉴스 2019.12.03. 네이버뉴스
"온라인 광고대행사 '네이버 사칭' 주의...섣부른 결제 금물"
한국공정거래조정원이 "**온라인 광고대행사가 네이버를 사칭하는 경우가 많다**"며 소상공인에게 주의를 당부했다. 조정원은 3일 "2018년 **온라인 광고대행** 관련 분...

"네이버 공식 대행사입니다" 온라인... 파이낸셜뉴스 2019.12.03. 네이버뉴스
네이버 등 포털사칭 광고 피해 주의보...'先업체정보 파... 뉴데일리 2019.12.03.
"포털 상위 노출 보장" 온라인 광고 대행사 피... KBS 2019.12.03. 네이버뉴스
"포털 상위 노출 보장" 온라인 광고 대행사 피... KBS 2019.12.03. 네이버뉴스

관련뉴스 29건 전체보기 >

2019.12.03. 네이버뉴스
"포털 상위 노출 보장" 온라인 광고 대행사 피해주의보
특히 포털사이트 **상위 노출**을 보장하는 경우가 많지만 검색광고 특성상 고정 노출은 불가능하다며, 한꺼번에 장기간 계약은 하지 말아야 한다고 강조했습니다. 피...

"'포털 상위 노출' 거짓 보장"...온라인 광고대행 분쟁 ... 국제신문 2019.12.03.
'검색결과 맨위에 노출'...온라인 광고대... 연합뉴스 2019.12.03. 네이버뉴스
"포털 상위 노출 보장" 온라인 광고 대행사 피... KBS 2019.12.03. 네이버뉴스
"포털 상위 노출 보장" 온라인 광고 대행사 피... KBS 2019.12.03. 네이버뉴스

관련뉴스 18건 전체보기 >

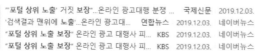

●●● 파워컨텐츠로 틈새시장을 노리자

최근 네이버 개편이 이루어지기 전까지 PC에서는 파워링크 바로 아래에 '파워컨텐츠'라는 카테고리가 존재했고, 모바일에서는 VIEW 영역에서 '광고' 표시와 함께 노출이 되었었다. 하지만 네이버가 개편되어 PC와 모바일에서 검색하는 화면이 같아지면서 PC와 모바일 모두 VIEW 영역에 블로그 글처럼 표시된다. 블로그와 다른 점은 '광고'라는 문구가 된다는 것뿐이다. 이렇게 표시 형식이 변경됨으로 인해 사람들이 파워컨텐츠를 광고가 아닌 블로그 글이라고 인식하는 경우가 많아 마케팅에 훨씬 효과적이다.

◀ PC에서 '리모델링' 키워드 검색 시
파워컨텐츠 영역

◀ 모바일에서 '프랜차이즈창업' 검색 시
파워컨텐츠 영역

특히, 파워컨텐츠는 파워링크처럼 대부분의 키워드에서 활용할 수 있는 것이 아니라 신뢰성 있는 정보를 찾고자 하는 사람들의 의도가 담긴, 지정된 키워드들에 한해서만 진행이 가능하다. 파워컨텐츠 검색 광고가 가능한 키워드 리스트는 네이버 검색광고에서 제공하며 의료, 금융, 교육 등 서비스를 나타내는 '정보형' 키워드와 가구, 화장품, 식품 등 현물과 관련한 '상품형' 키워드로 분류되어 있다.

네이버 광고에서 '콘텐츠검색광고(파워컨텐츠 유형)'에 들어가면 파워컨텐츠 키워드 리스트를 다운받을 수 있는데, 여기서 자신에게 해당되는 키워드들이 있는지 확인해보고, 있으면 활용하면 좋다.

파워컨텐츠의 장점 중 가장 큰 부분은 대중화되거나 많이 언급되는 광고상품이 아니라는 것이다. 파워링크와 똑같이 CPC(Cost Per Click) 방식으로 클릭할 때마다 과금이 발생하고, 입찰가와 품질지수에 의해서 순위가 결정되지만 파워링크처럼 경쟁이 심하지 않다. 그 이유는 파워링크처럼 네이버에서 광고대행사에 일정 수수료를 주는 형식이 아

니기 때문에 광고대행사에 수익이 발생하는 구조가 아니다. 이 때문에 파워컨텐츠의 사용을 추천하지 않는 경우가 많다.

파워컨텐츠는 보통 브랜드 블로그를 주로 활용한다. 네이버 광고시스템에서 파워컨텐츠 유형 캠페인을 선택하고, 광고하고자 하는 키워드를 확인한 후 아래 조건에 부합되는 콘텐츠를 제작해서 진행한다.

- 네이버 '블로그/포스트/카페' 내 페이지 활용
- 구매한 키워드와 관련 있는 정보를 주된 콘텐츠로 작성
- 누구나 아무런 제약 없이 확인 가능
- 링크를 삽입하는 경우, 콘텐츠 내용과 충분히 관련 있는 페이지로 연결
- 이벤트/프로모션 관련 내용은 전체 콘텐츠 내용의 1/2 이후부터 노출

MAKETING Plus ✚

✚ 다음과 구글의 광고 진행

네이버는 '네이버 광고 플랫폼'에서 광고를 진행하는 것처럼 다음은 '다음 키워드광고'로, 구글은 '구글광고'를 검색하면 해당 각 포털 사이트마다의 광고 검색 플랫폼으로 이동할 수 있다. 각각의 포털에서 광고 진행이 가능하므로 사용을 원하는 포털에서 진행하면 된다.

●●● 지역소상공인 광고 활용하기

네이버에서 뉴스나 블로그를 보면 종종 '이런 장소 어때요?'라고 나타나는 것을 보았을 것이다. 이는 네이버 콘텐츠 서비스를 이용하는 내 지역 사용자에게 노출하는 배너광고 같은 것으로, 광고가 유효 노출된 횟수(브라우저상에서 실제 사용자에게 보인 노출)에 따라 비용이 지출된다.

만일 오프라인 매장이 있다면 지역소상공인광고는 필수로 하는 것이 좋다. 유효노출당 비용이 1원밖에 하지 않고, 광고 노출을 원하는 지역을 읍면동(법정동) 단위로 최대 5개까지 설정할 수 있어 해당 지역과 그 주변에 있는 사람들에게만 보여지기 때문이다. 파워컨텐츠처럼 광고대행사가 수수료를 받지 못하기 때문에 대행사에서 추천하지 않는 경우가 많지만 파워링크, 파워컨텐츠와 마찬가지로 네이버광고에서 활용이 가능하기 때문에 직접 등록도 가능하다.

지역소상공인광고는 네이버 스마트플레이스에 지도 등록이 되어 있어야 가능하다. 지도 등록이 완료된 후 네이버 광고시스템에서 플레이스 유형 캠페인을 선택하고, 하루 예산과 노출 지역을 설정하면 광고를 생성할 수 있다.

●●● 네이버쇼핑 영역 노출로 대박날 수 있을까?

네이버 검색창에서 특정 상품을 검색할 때 PC 통합 검색에 보이는 영역 중 하나가 바로 쇼핑 영역이다. 쇼핑 영역에 노출되기 위해서는 '상품명, 카테고리, 구매평, 모바일 대응 등'의 쇼핑 노출 점수를 관리해야 하는데 광고를 활용하면 상위 2개에 노출이 가능하다. 다음과 같이 '장미'라는 상품을 검색하면 네이버쇼핑 영역 상위 2개는 '광고'라는 아이콘이 표시된다.

▲ PC에서 '장미' 검색 시 네이버쇼핑 영역

모바일에서도 통합 검색 영역에서 네이버쇼핑 영역에 상위 2개는 광고가 노출 중이다.

네이버쇼핑 광고를 등록하려면 파워링크나 파워컨텐츠와 같이 네이버 광고시스템에서 등록이 가능하다. 다만, 쇼핑검색광고는 노출 키워드를 임의로 설정할 수는 없다. 네이버 자체 시스템을 통해 자신이 등록한 상품과 연관성이 높고 소비자들의 검색의도와 부합되는 상품이 자동으로 매칭되기 때문이다. 단, 쇼핑검색 캠페인에서 자동으로 매칭된 키워드 중 광고 노출을 제한하고 싶은 경우 제외 키워드 기능을 활용해 광고 그룹 또는 소재 단위로 제외 설정을 할 수 있다.

그럼 이런 키워드들의 노출 순위와 광고비는 어떻게 나갈까? 파워링크와 마찬가지로 상품을 클릭한 횟수에 따라 비용을 지불하는 CPC(Cost Per Click) 방식이다. 입찰가는 등록한 광고가 1회 클릭될 때마다 본인이 지불할 의사가 있는 최대의 금액을 말하는데, 쇼핑검색 광고의 입찰가는 기본 50원(VAT 제외)부터 최대 10만 원(VAT 제외)이고 본인이 직접 입찰가를 설정할 수 있다. 입찰가와 함께 같이 반영되는 것이 품질지수인데 내 광고가 다른 광고에 비해 얼마나 소비자들의 의도와 니즈를 충족하는지에 따라서 산정된다. 이 품질지수를 높이려면 상품 정보를 잘 등록해서 소재와 상품 간의 연관성을 높여 클릭과 구매 등의 이용자 반응을 잘 이끌어내야 한다. 품질지수가 낮다고 해서 노출이 안 되는 것은 아니지만, 타 업체와 광고를 동일하게 운용하고, 목표 순위도 동일하게 운용했을 때 월 예산비용이 더 많이 소진된다. 결론은 검색 키워드에서 내 브랜드와 다른 경쟁 브랜드가 동일한 입찰금액이라고 하면 품질지수가 더 높은 업체의 광고가 더 상위로 노출된다는 뜻이다.

••• 나만의 브랜드를 알리자

브랜드를 검색하면 PC나 모바일 통합 검색 영역에 브랜드와 관련된 이미지나 동영상, 텍스트가 보이도록 노출할 수 있는데 이것이 '브랜드 검색광고'이다. 사람들이 SNS나 포털 등에서 어떤 정보를 얻은 후 해당 브랜드를 검색할 때 정보를 보여줌으로써 브랜딩 효과를 높이는 데 효율적이다.

브랜드 검색 광고는 어떤 키워드를 검색할 때 노출될까? 브랜드 검색은 구매하는 광고주와 직접적으로 연관이 있는 상호나 상품명 등 브랜드 키워드에 한해서만 가능하고 일반적인 키워드는 활용할 수는 없다. 또한, 지금까지처럼 유효 노출에 따른 비용 산정이나, 클릭한 횟수에 따라 비용을 지불하는 CPC가 아니라 광고 가능한 키워드의 최근 30일 조회 수에 따라서 비용이 바뀌고 최소 광고비는 50만 원이다. 비용이 저렴하지 않기 때문에 다른 채널에서 우리 브랜드를 충분히 접할 수 있는 상황일 때 광고를 하는 것이 효과적이다.

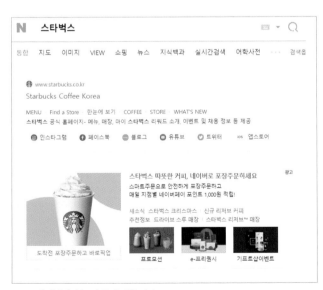

▲ PC 네이버에서 '스타벅스' 검색 결과

▲ 모바일에서 '네이처리퍼블릭' 검색 결과

브랜드 검색 광고는 PC와 모바일 중 필요한 것만 하거나 두 가지 모두 진행이 가능하며, 브랜드명을 검색했을 때 나오는 이미지와 텍스트는 광고주가 설정할 수 있다. 브랜드 검색 광고는 네이버 광고시스템에서 브랜드 검색 유형 캠페인을 선택하면 진행 가능하다.

브랜드 광고를 만드는 방법은 다음과 같다.

❶ 네이버 광고(searchad.naver.com)에 접속하여 로그인한다.

❷ [광고시스템] 버튼을 클릭한다.

❸ [광고관리]-[광고 만들기]를 클릭한다.

❹ [캠페인 만들기] 메뉴에서 [브랜드 검색 유형]을 선택하고 [저장하고 계속하기]를 클릭한다.

❺ [광고그룹 만들기] 메뉴에서 [그룹 유형], [URL], [소재 템플릿] 등을 설정한 후 [저장
   하고 계속하기]를 클릭한다.

❻ [광고 만들기(키워드/소재)] 메뉴에서 관련 내용들을 작성한 후 [광고 만들기]를 클릭
   하여 완료한다.

CHAPTER 02

SNS 채널 광고 도전하기

페이스북 친구나 팔로워, 인스타그램 팔로워, 유튜브 구독자가 없는 초기에 어떻게 내 콘텐츠들을 사람들에게 보여줄 수 있을까? 초기에는 비용을 들여서라도 내 콘텐츠를 사람들이 접하도록 노출하는 것이 좋다. SNS 광고에는 어떤 광고들이 있고 나에게 맞는 채널 광고는 무엇일지 확인해 보자.

●●● 페이스북 스폰서 광고 효과가 좋을까?

페이스북 뉴스피드에는 내 친구들의 글이나 내가 좋아요를 누른 페이지의 글이 주로 노출된다. 그 외에는 내 친구들이 댓글을 쓰거나 공유를 한 게시글이 노출된다. 다시 말하면 내 친구가 글을 쓰거나 내 친구가 어떤 게시글에 댓글을 달거나 공유를 했을 때 내 뉴스피드에 노출되는 친구 기반의 SNS이다. 하지만 가끔 내 친구가 반응한 글이 아니거나 '좋아요'를 누른 페이지의 글이 아닌데도 노출되는 경우가 있다. 내 나이를 어떻게 알았는지 '89년생이세요?'하고 물어보는 피드가 뜨기도 한다. 이 게시글을 자세히 보면 'sponsored'라는 글자가 표시되는 것을 알 수 있다. 이것이 '페이스북 스폰서 광고'이다.

페이스북 스폰서 광고는 어떤 사람들한테 노출되는 것일까? 페이스북 광고 타깃은 '핵심 타깃, 맞춤 타깃, 유사 타깃' 중 선택이 가능하다.

'핵심 타깃'은 클릭만으로도 광고에 적합한 타깃을 설정할 수 있는데, 인구 통계학적 타깃이라고도 불리는 페이스북의 가장 기본적인 타깃 방법이다. 성별, 연령, 위치, 취미 등 기준에 따라 광고를 노출하고자 할 때 활용하기 좋다.

▲ 페이스북 광고글

'맞춤 타깃'은 내가 보유하고 있는 고객의 데이터를 활용하여 만들 수 있는데, 전화번호, 이메일, 페이스북 아이디 등 보유한 정보를 통해 해당 사용자들에게 도달하는 광고 형태이다. 웹사이트에 페이스북 픽셀을 설치해서 웹사이트를 방문한 사람들을 타깃으로 만들거나 연락처 리스트를 바탕으로 만들다보니 리타깃팅 용도로 많이 활용된다.

'유사 타깃'은 내가 가지고 있는 타깃과 유사한 행동을 하는 사람들인데, 100명 이상의 맞춤 타깃을 보유한 경우에 기존 소스 타깃과 유사한 특성을 가진 신규 유사 타깃을 설정하여 광고가 가능하다.

이처럼 크게 세 가지로 구분되지만 페이스북 광고는 페이스북 데이터베이스를 활용하거나 내가 가지고 있는 데이터베이스를 활용하여 그 사람들에게 보여주는 광고인 것이다. 내가 보여주고 싶은 타깃을 설정해 보여줄 수 있다 보니 타깃으로 지정한 사람들이 보기에 가독성이 좋고, 소비하기 좋은 콘텐츠이거나 확산되기 좋은 콘텐츠를 만드는 것이 가장 중요하다.

▲ 페이스북 광고 설정 화면

광고비는 어떻게 지불될까? 보통 노출될 때마다 발생하는 평균 비용을 지불하는 CP-M(Cost Per Melineum) 방식을 사용하지만 전환당 평균 지불 비용인 CPA(Cost Per Action) 방식이나 광고를 클릭할 때마다 발생하는 평균 비용을 지불하는 CPC(Cost Per Click) 방식으로 진행되기도 한다.

●●● 인스타그램 스폰서 광고는 페이스북 광고와 다를까?

인스타그램도 페이스북과 마찬가지로 동일한 스폰서 광고를 진행할 수 있다. 페이스북이 개인 계정과 광고를 위해서 운영하는 페이스북 페이지가 별개인 반면, 인스타그램은 개인 계정에서 설정을 통해 광고를 할 수 있는 비즈니스 계정으로 전환이 가능하고, 다시 비즈니스 계정에서 설정 한 번이면 개인 계정으로 전환이 가능하다.

▲ 인스타그램 광고글

●●● 유튜브 광고 알아보기!

유튜브 광고는 크게 '트루뷰 디스커버리 광고, 마스트헤드 광고, 트루뷰 인스트림 광고, 범퍼 애드 광고'로 나뉜다.

'트루뷰 디스커버리 광고'는 유튜브에서 검색 결과나 추천 영상에 노출되는 광고로 영상을 명확하게 소비할 의도가 있는 사람들에게 제공되기 때문에 다른 광고보다는 영상을 소비하는 시간이 길고, 구독이나 좋아요, 댓글 등 다른 인게이지먼트(일종의 참여도)를 유도하는 데 좋다.

▲ 유튜브 '트루뷰 디스커버리광고' 화면

'마스트헤드 광고'는 유튜브 사이트에 접속했을 때 모든 유저에게 100% 첫 화면에 보여지는 동영상 광고로 PC, 모바일, 태블릿 모두 적용된다. 첫 페이지에 노출되기 때문에 브랜딩하는 데 도움이 되고 짧은 시간 내에 광고 노출을 극대화하거나 바이럴이 목표일 때 활용하면 좋다. 대신 비용은 비싼 편인데, 24시간 동안 노출되는 데 2019년 1분기 기준 광고 비용은 약 1억 원이며, 분기마다 가격은 다르다.

▲ 유튜브 '마스트헤드 광고' 화면

'트루뷰 인스트림 광고'는 유튜브 광고 중 가장 많이 활용되고 있는 방식으로, 유튜브 영상 재생 시 영상의 처음과 중간에 광고가 재생되는 방식이다. 타깃에게 최대한 많이 노출시키는 것에 의의가 있으며, 영상을 보기 위해서는 광고를 약 5초까지는 봐야할 수밖에 없기 때문에 홍보에 많은 도움이 된다. 특히 광고비 지불 방식이 CPV(Cost Per View), 즉 1회 조회당 비용이 책정되는데 1회 조회 기준이 30초이기 때문에 광고하는 입장에서는 불필요한 광고비를 줄일 수 있어서 합리적이다.

▲ 유튜브 '트루뷰 인스트림 광고' 화면

'범퍼애드 광고'는 트루뷰 인스트림 광고와 비슷하면서 약간의 차이가 있다. '광고 건너뛰기' 버튼이 눌러지지 않는 광고이다. 범퍼애드는 유튜브 영상을 시청하기 전에 나오는 5초 미만의 동영상 광고인데, 5초 미만이라는 짧은 시간동안 내 제품이나 서비스를 알려야 하기 때문에 보통 이름이 알려진 브랜드에서 신제품이 나오거나, 시각적으로 화려한 제품 등을 알리는 데 효과적이다. 광고 재생시간이 짧아 거부감이 낮은 편이며 직관적인 메시지를 효과 있게 전달할 수 있다는 장점이 있다. 광고비 지불은 CPM(Cost Per Melineum)으로, 광고가 1,000회 노출될 때마다 발생하는 평균 비용을 지불하는 방식이다. 트루뷰 인스트림 광고와는 다르게 건너뛰기가 없다 보니 노출을 시작하면 모든 사람이 영상을 조회하는 개념이다.

PART 03

내 제품과 브랜드로 고객의 신뢰를 얻자

브랜드 마케팅을 위해 집중적으로 운영할 채널을 만들고, 사람들을 유입시키기 위해 페이드 미디어나 언드 미디어를 활용해야 한다. 이 중 언드 미디어(Earned Media)는 평가 미디어를 뜻한다. 언드 미디어는 유튜브 못지 않게 이슈가 많고 핫한 인플루언서를 활용하거나 뉴스 기사 등을 활용하는 방식으로, 내 제품과 브랜드에 대해 고객 신뢰와 평판을 개선하는 것이다. 휘발성으로 끝나는 페이드 미디어와는 달리, 언드 미디어는 콘텐츠들이 남아 있다는 장점이 있고, 소비자들이 구매를 하기 전에 가장 크게 영향을 미치는 미디어라고 할 수 있다.

요즘은 사람들이 제품을 구매하기 전에 온라인상에서 해당 브랜드에 대한 평판이나 제품에 대한 후기를 확인하고 구매하는 경우가 많다. 그렇기 때문에 온라인상에서 내 제품이나 브랜드에 대한 정보를 검색했을 때 고객의 신뢰를 얻을 수 있는 콘텐츠들이 많아야 한다. 이번 장에서는 언드 미디어를 활용하여 고객의 신뢰를 얻을 수 있는 방법에 대해 알아보도록 하자.

CHAPTER
01

내 상품 뉴스에 내보내기

내 제품이나 서비스에 대한 신뢰도를 가장 높여줄 수 있는 것은 어떤 광고일까? 바로 '언론 홍보'이다. 브랜드를 검색했을 때 뉴스를 보는 경우가 많으므로 적절히 이용하는 것이 좋다. 이번 장에서는 내 브랜드에 대한 신뢰를 올려주고 일방향적으로 소비자들에게 전달할 수 있는 언론홍보에 대해 알아보자.

●●● 언론 홍보, 과연 마케팅에 도움이 될까?

네이버, 구글, 다음, 네이트 등과 같은 포털 사이트에서 검색을 하면 다양한 영역이 존재하는데 그중 하나가 '뉴스' 영역이다. 뉴스 영역에는 기자들이 취재해서 올라가는 콘텐츠와 언론 홍보 콘텐츠가 공존한다.

언론 홍보의 가장 큰 장점은 '높은 신뢰도'이다. 사람들이 뉴스라는 인식을 갖고 있다 보니 신뢰도가 높아지게 된다. 마케팅 의뢰를 위해 포털 사이트에서 '마케팅 전문가'를 검색했다고 가정했을 때 마케팅 전문가를 찾아보다가 '이기용 대표'를 접하게 되고 그 사람에 대한 자세한 정보를 확인하기 위해 '이기용 대표'를 검색하게 된다. 이때 대부분 뉴스 영역을 확인하게 되고, 뉴스 기사를 통해 '이기용 대표'에 대한 신뢰도를 쌓게 된다. 같은 이유로 기업에서는 신제품 홍보나 행사 등을 진행할 때 언론 홍보를 많이 활용한다.

특히, 언론 홍보는 일반 소비자뿐만 아니라 기업과 기업 간의 거래나 관례를 형성하는데에도 도움이 많이 된다. 투자유치나 협업 등을 진행할 때 해당 기업에 대한 정보들을 찾아보게 되고 꾸준한 뉴스 기사가 있다면 신뢰를 받을 수 있다.

▲ 네이버 뉴스 영역

●●● 언론 홍보를 할 때 알아두면 좋은 팁

① 개별 기사여야 노출 효과가 좋다.

뉴스 영역에서 기사를 보면 유사한 기사가 그룹 형태로 묶인 기사가 있고, 하나하나의 개별 기사가 있다. 이는 기사를 언제 송출하느냐에 따른 차이다. 같은 날 비슷한 내용의 언론 홍보가 진행되면 언론 매체사가 다르더라도 그룹 형태로 묶이게 되고, 비슷한 내용을 같은 매체에서 진행하더라도 다른 날 송출되면 묶이지 않는다.

기사가 그룹 형태로 묶여 있으면 하위에 있는 기사들은 후속 기사, 서브 기사 같은 느낌이 들어 클릭률이 줄어들게 된다. 기사는 개별 기사로 노출되어야 해당 브랜드 키워드 검색 시 브랜드에 대한 정보만 확실하게 보여줄 수 있다.

▲ 기사가 묶여 있는 경우

2017.03.06.

㈜브이에스엠그룹 이기용 대표, '선덕원'에 300만원 상당 의류 기...
【베이뉴스 윤정원 기자】 ㈜브이에스엠그룹 이기용 대표가 최근 선덕원에 300만
원 상당의 의류를 기부했다. ⓒ㈜브이에스엠그룹 ㈜브이에스엠그룹 이기용 대표...

2018.01.31.

마케팅 컨설턴트 이기용 강사, SNS에서 핫하게 떠오르는 이유
바로 이기용강사다. 브이에스엠그룹 대표이사로 재직 중인 그는 직접 광고회사
를 운영하면서 변화에 민감한 마케팅 시장에 노출되어 있어 이에 대응할 수 있도...

2019.07.22.

이기용 대표, SNS 통해 퍼지는 소통 마케팅의 중요성 알려
하지만 많은 기업에서 소통의 중요성을 깨닫지 못해 일방적인 소통을 하는 경우가
많다.이러한 상황 가운데, 마케팅 대행사 ㈜브이에스엠그룹을 운영하고 있는 이...

2018.01.15.

㈜브이에스엠그룹 이기용 대표이사, 마케팅 전문가로서 활발한 ...
이러한 가운데 ㈜브이에스엠그룹 대표이사이자 마케팅 전문가인 이기용 강사가
개인이나 소상공인, 기업, 공공기관을 대상으로 실무 위주의 트렌디한 맞춤형 마...

2017.05.16.

소셜미디어 마케팅 전문가 이기용, JTB 교육그룹 학과장 위촉장 ...
브이에스엠그룹 이기용 대표는 "JTB 교육그룹 학과장으로 위촉돼 기쁘다"며 "SNS
마케팅은 꾸준한 운영과 정확한 콘셉트, 전략적 마케팅을 설계한다면 높은 디지...

▲ 기사가 묶여 있지 않은 경우

따라서 원하는 키워드를 검색한 후 기사가 묶여서 표시되지 않는다면 동일한 날 비슷한 내용의 기사를 언론매체에 관계 없이 송출하면 되고, 그렇지 않은 경우라면 비슷한 내용의 기사를 송출할 때 날짜를 달리해 송출하는 것이 좋다.

② 뉴스 영역이 검색 결과에 나오는지 확인해야 한다.

우리는 포털 메인에서 뉴스를 접하기도 하고 키워드 검색 시 뉴스 영역에서 접하기도 한다. 그 말은 키워드 검색 시 뉴스 영역에 노출되도록 하는 것도 필요하다는 것을 의미한다. 일반적으로 키워드를 검색할 때 뉴스 영역을 보는 경우는 많지 않고, 브랜드나 기업을 검색했을 때 뉴스 영역을 보는 경우가 많지만, 노출된다고 해서 손해 보는 것은 없다. 뉴스 영역에 노출되기 위해서는 블로그에 글을 쓰는 것과 동일하게 뉴스 제목이나 본문 속에 키워드가 들어가야 한다. 그래야 키워드를 검색했을 때 해당 정보에 대해서 정확한 정보라고 인지하여 노출된다.

▲ '브이에스엠그룹' 검색 시 네이버 뉴스 영역

뉴스는 보통 광고대행사나 언론 홍보 대행사를 이용하면 송출이 가능한데, 사실을 기반으로 원고를 작성하면, 송출 가능한 원고로 변경된 후 송출할 수 있다. 언론 송출의 비용은 매체마다 상이하므로 내가 선호하는 매체사가 있는 것이 아니라면 네이버나 다음 등 주요 포털에 노출되는 저렴한 매체를 활용하는 것이 효율적이다. 사람들이 브랜드에 대한 뉴스를 볼 때 내용을 중심으로 볼 뿐, 매체를 확인하는 경우는 극히 드물다. 굳이 높은 비용을 들여서 기사를 낼 필요는 없다.

또한 굳이 언론 홍보를 많이 할 필요는 없다. 마케팅 초기에 우리 브랜드에 대한 장점 등을 보여주는 내용을 담아 언론 송출을 하고 추후엔 소비자들에게 보여주고 싶은 정보(이벤트, 방송출연, 신상품, 수상이나 인증 등)가 있을 때만 하는 것이 좋다.

CHAPTER 02

연예인보다 낫다는
인플루언서를 활용하자

최근 TV보다 유튜브나 OTT(Over The Top; 인터넷을 통해 볼 수 있는 TV 서비스) 플랫폼의 시청 시간이 늘면서 연예인보다 인플루언서의 영향력이 갈수록 커지고 있다. 이번 장에서는 인플루언서의 의미와 사람들이 왜 인플루언서에 열광하는지 이유를 알아보고, 나에게 맞는 채널의 인플루언서를 섭외하여 보다 효과적으로 활용할 수 있는 방법을 알아보자.

●●● 인플루언서에 열광하는 이유

요즘 기업들과 공공 기관에서 열광하는 마케팅이 바로 '인플루언서 마케팅'이다. 인플루언서(Influencer)는 '영향을 주다'는 뜻의 단어 'influence'에 '사람'을 뜻하는 접미사 '-er'을 합성한 것으로, 영향력을 행사하는 사람들을 인플루언서라고 한다. 보통 방문자 숫자가 많은 파워 블로거나 팔로워가 많은 인스타그래머, 구독자가 많은 유튜버를 '인플루언서'라고 한다. 이렇게 영향력 있는 개인인 인플루언서를 활용한 마케팅을 '인플루언서 마케팅'이라고 한다.

사람들은 왜 인플루언서 마케팅에 열광하는 것일까? '김태리 가방', '한지민 귀걸이' 이렇게 검색하는 사람들이 많다. '한지민 귀걸이' 키워드는 한 달에 PC에서 940명이 검색하고 모바일에서는 9,020명이 검색해 약 만 명 정도가 검색을 한다. 또, '김태리 가방' 키워드는 PC에서 650명이 검색하고 모바일에서 900명이 검색해 약 1,500명 정도가 검색을 하고 있다.

연관키워드 ⑦	월간검색수 ⑦	
	PC	모바일
한지민귀걸이	940	9,020
김태리가방	650	900

▲ 네이버에서 '한지민 귀걸이', '김태리가방' 월간 검색 수

어떤 연예인이 방송에서 액세서리나 가방 등을 하고 나왔거나 어떤 연예인이 어디 방문했다고 하면 사람들이 따라 사거나 직접 방문하는 경우가 많아 연예인을 활용한 마케팅을 많이 해 왔다. 하지만 요즘은 인스타그램, 유튜브 등 다양한 미디어 매체가 생기면서 각 미디어에서 연예인만큼 영향력 있는 사람들이 생긴 것이다. 고액을 지불하고 유명 연

예인을 모델로 쓰는 것보다 상대적으로 저렴하지만 SNS에서 인지도가 높은 인플루언서를 활용하는 것이 더 효과적일 수 있다. 소비자 구매에 인플루언서 콘텐츠가 미치는 영향에 대한 설문조사에 따르면 응답자의 84%가 인플루언서의 콘텐츠를 통해 1차 정보를 얻고 추가적으로 탐색을 시작했다고 답했으며, 76%가 이후 실제로 구매한 경험이 있다고 할 정도이다.

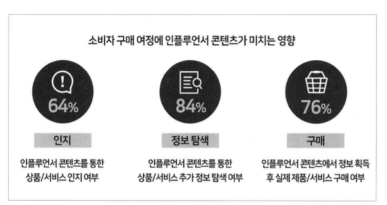

▲ 자료 출처 : PR&마케팅컨설팅 기업 함샤우트

뿐만 아니라 미국 여론조사기관 퓨 리서치센터에 따르면 인플루언서 마케팅에 1달러를 집행할 경우 6.85달러의 가치로 돌려받는다는 결과가 나왔다. 과거에는 콘텐츠 제작 비용과 유통 비용을 별도로 지불해야 했다면 지금은 인플루언서들이 이미 팬을 보유한 채널을 가지고 있기 때문에 콘텐츠 제작 비용으로 유통까지 가능하게 된 것이다.

인플루언서 마케팅의 대표적인 사례로 에미레이트 항공사를 예로 들 수 있다. 할리우드 영화배우 제니퍼 애니스톤이 에미레이트 항공과 58억 원에 달하는 광고 계약을 하고 애니스톤이 꼬마 승객을 만나 곳곳을 여행하는 내용으로 항공 여행을 권장하는 취지를 담아서 영상을 제작했는데 동영상 조회 수는 약 600만 회 정도였다. 하지만 유튜버 인플루언서인 케이시 오언 네이스텟을 섭외해서 만든 영상의 조회 수는 당시 800만 회에 달했고, 2020년 현재 조회 수는 약 7,339만 회에 달한다. 유튜버 인플루언서 케이시 오언 네이스텟에게 제공한 것은 단지 1등급 좌석으로 무상 업그레이드 뿐이다. 유명한 할리우드 배우를 섭외해서 많은 광고비를 지불하고 영상을 만든 것보다 유튜버 인플루언서에게 좌석 업그레이드를 해줬을 뿐인 영상이 효과가 더 좋았던 것이다. 이렇게 요즘에는 TV 광고나 정통 매체들을 활용한 광고보다는 인플루언서를 활용한 광고가 비용 투자 대비 효과가 좋다.

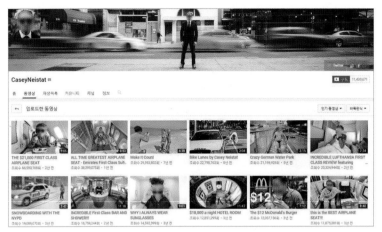

▲ 인플루언서 '케이시 오언 네이스텟'의 유튜브 채널

우리나라에서는 화장품 업체인 미미박스와 인플루언서 포니가 '샤인이지글램'이라는 아이섀도우를 출시했는데 40분 만에 2만 5천 개가 팔릴 정도로 효과가 좋았다.

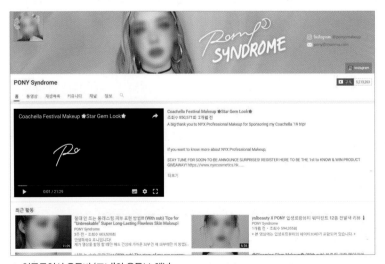

▲ 인플루언서 유튜버 '포니'의 유튜브 채널

단순히 인기가 많다고 인플루언서가 되는 것은 아니다. 인플루언서는 영향력에 따라 크게 네 가지로 구분되고 구분 기준은 기업마다 다르지만, 보통은 연예인이나 유명 크리에이터처럼 수십 만 명에서 수백 만 명에게 영향력을 미치는 인플루언서인 '메가 인플루언서'와 수만에서 수십 만 명에게 영향력을 미치는 '매크로 인플루언서', 천 명에서 수천 명 사이의 사람들에게 영향력을 끼치는 '마이크로 인플루언서', 수십에서 수백 명에게 영향을 미치는 '나노 인플루언서'로 구분된다.

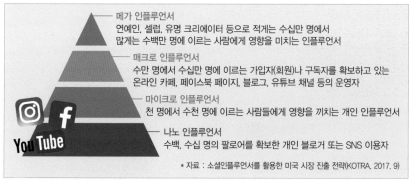

▲ 영향력으로 구분한 인플루언서 유형

보통 기업들에서는 메가 인플루언서와 마이크로 인플루언서로만 구분해 활용하는 경우가 많다. 메가 인플루언서는 한 번에 많은 사람들에게 콘텐츠를 접하게 만들 수 있다는 장점이 있지만, 제품이나 서비스만 제공하는 데 그치지 않고 많은 섭외 비용이 들어간다는 단점이 있다. 반면 마이크로 인플루언서는 섭외 비용이 거의 들지 않고, 제품이나 서비스만 제공해도 콘텐츠를 올려준다. 콘텐츠에 대한 채널 파급력은 메가 인플루언서보다 떨어지지만 적은 비용으로 다수의 마이크로 인플루언서를 활용해서 더 많은 사람들에게 접하도록 하는 것이 더 효과적일 수 있다.

●●● 인플루언서 마케팅, 어떤 것들이 있을까?

인플루언서를 활용한 마케팅은 크게 네 가지로 구분된다.

첫 번째는 '인플루언서 공구'이다. 인플루언서가 평소에 사용하는 제품을 공구로 저렴하게 가져왔다고 하면서 직접 판매를 하는 것이다. 제품을 클릭하면 운영하는 몰로 이동할 수 있도록 하거나 프로필에 있는 링크를 클릭해 구매를 할 수 있도록 유도한다. 인플루언서 공구는 다른 마케팅 비용이 추가적으로 들어가지 않아도 매출이 일어난다는 장점이 있지만, 공구의 특성상 할인율을 높여서 판매하고, 인플루언서와 수익을 나누는 구조이기 때문에 매출 대비 순이익은 낮은 편이다.

▲ 인스타그램 인플루언서의 공동구매 화면

두 번째는 인플루언서가 브랜드 자체를 만드는 것이다. 대표적으로 '임블리' 같은 인플루언서를 꼽을 수 있는데, 개인이 자체 브랜드를 만들어 성공적으로 만들었다는 점에서 주목을 받았다. 최근 제품의 질이나 고객 응대로 인해 논란의 중심에 서 있기도 했다.

세 번째와 네 번째는 인플루언서 마케팅에서 가장 대중적으로 활용되는 체험단 마케팅과 기자단 마케팅이다. 체험단 마케팅은 유튜버 케이시 오언 네이스탯처럼 1등급으로 좌석 업그레이드를 받거나, 제품이나 서비스를 무료로 제공받고 콘텐츠를 제작하는 것이다. 메가 인플루언서는 제품이나 서비스를 무료로 제공받고 거기에 추가로 비용을 받는 경우도 있지만, 보통은 제품이나 서비스만 제공받고도 콘텐츠를 제작해준다.

▲ IT 인플루언서를 활용한 스마트폰 홍보

기자단 마케팅은 체험단처럼 어떤 제품이나 서비스를 제공받고 콘텐츠를 제작하는 것이 아니라 정보와 비용을 제공받고 콘텐츠를 제작하는 것이다. 두 가지 방법의 장단점은 명확하다. 체험단 마케팅은 본인이 직접 체험하고 콘텐츠가 제작되다 보니 콘텐츠의 질이 상대적으로 높은 편이고, 다양한 콘텐츠가 나온다. 다만 위치 기반의 서비스를 제공하는 경우에는 해당 지역에 영향력이 있는 인플루언서가 없는 경우가 많고, 섭외가 어렵다 보니 시간이 오래 걸리기도 한다. 기자단 마케팅은 위치의 제약을 받지 않다보니 빠르고 쉽게 콘텐츠들이 제작되는 편이며, 상대적으로 원하는 내용들 위주로 콘텐츠 제작이 가능하다. 하지만 직접 체험하지 않고 제작하는 콘텐츠들이다 보니, 상대적으로 콘텐츠의 질이 낮은 편이며, 다양한 콘텐츠가 나오기 어렵다.

●●● 채널별 인플루언서의 장단점

인플루언서들이 주로 활용하는 채널은 '블로그, 인스타그램, 유튜브'이다.

이전에는 페이스북에서 얼짱 같은 사람이 팔로워가 많은 인플루언서였지만 현재는 그 기능을 인스타그램이 담당하고 있고, 아프리카 등 유명 BJ 등도 인플루언서에 해당하지만, 유튜브를 함께 운영하거나 유튜브로 이동한 경우가 많으므로 크게 블로그, 인스타그램, 유튜브 3개 채널로 구분한다.

① 블로그 인플루언서의 장점

사람들이 온라인 검색 이용 채널 TOP 5를 조사한 결과 네이버가 92.4%, 유튜브가 60%, 구글이 56%, 다음이 37.6%, 인스타그램이 27.1%였다. 유튜브나 인스타그램으로 검색하는 비중이 늘기는 했지만 현재까지는 네이버 검색이 압도적이다. PC와 모바일로 네이버에서 '앰플추천'을 검색하면 통합 검색에서 파워링크, VIEW 영역이 표시된다. VIEW 영역은 어떤 키워드를 검색하더라도 통합 검색에 항상 존재하는 영역으로, 주로 블로그와 카페글이 나온다. 이때 사람들은 블로그 글을 주로 소비한다. 카페는 커뮤니티 공간이다보니 방문자에게 공개되는 자료가 한정적이기 때문이다.

▲ PC에서 '앰플추천' 검색 시 VIEW 영역

이렇게 PC나 모바일로 네이버에서 검색하면 대부분 블로그에서 콘텐츠를 소비하게 되므로 상위에 노출되어 있으면 사람들이 내 브랜드나 제품을 접할 확률이 높아진다. 만약 내가 직접 블로그를 운영해 상위에 노출하려고 하면 상당한 시간과 노력이 필요하지만 이미 상위에 노출이 가능한 블로그 인플루언서를 섭외하면 내가 제품이나 서비스만 제공해도 상위에 노출되기 때문에 많은 도움이 될 것이다.

블로그 인플루언서를 활용하면 VIEW 영역뿐만 아니라 다른 영역들도 함께 노출되는 데 바로 동영상 영역이다. 사람들이 유튜브를 많이 이용하게 되면서 네이버에서는 영상 부분을 강화하기 시작했다. 이전에는 네이버 TV가 아니면 동영상 영역에 노출이 잘 안 됐었지만 요즘은 유튜브나 네이버 블로그에 올라간 영상들도 노출이 잘 된다. 블로그 인플루언서들이 콘텐츠마다 동영상을 넣기 시작하면서 블로그뿐만 아니라 동영상 영역에도 노출이 되고 있다.

▲ '마케팅 전문가 이기용' 검색 시 동영상 영역

웹사이트 영역에도 노출된다. 최근 네이버 개편으로 웹사이트 영역이 사라졌지만 예전에는 웹사이트 영역에서도 키워드 검색 시 1페이지에서 블로그 글이 자주 노출되었다.

또, 지도 리뷰에도 등록된다. 요즘 PC나 모바일에서 검색할 때 항상 보이는 것 중 하나가 플레이스 영역이다. '제주도맛집' 검색 시 1위에 있는 '우진해장국'이라는 곳을 보면 블로그와 카페 리뷰가 4,513개인 것을 볼 수 있다. 절대적이지는 않지만 플레이스 영역에 노출하는 데 리뷰가 중요하다는 것을 알 수 있다. 블로그 인플루언서를 활용해서 블로그 글을 올릴 때 지도만 넣으면 리뷰에 등록된다.

'제주도맛집' 검색 시 플레이스 영역과 1위 업체 ▶

이렇게 블로그 인플루언서가 글 하나를 올리면 VIEW 영역은 물론, 동영상, 웹사이트, 지도 리뷰에까지 노출된다. 사실상 네이버에서 활용되는 채널 대부분에 노출이 가능한 것이다.

② 인스타그램 인플루언서의 장점

인스타그램은 온라인 검색 이용 채널 TOP 5 중 5번째에 해당될 정도로 많은 사람들이 해시태그를 바탕으로 검색을 한다. 특히, 20~30대 여성들은 인스타그램에서 해시태그로 검색해서 정보를 얻는 경우가 많다.

인스타 인플루언서가 올린 콘텐츠가 무조건 해시태그 인기 게시물에 노출되는 것은 아니다. 또, 인스타그램 인기 게시물은 다양한 사람들이 같은 해시태그 키워드로 검색해도 네이버처럼 결괏값이 동일하게 나오지도 않는다. '부평구청맛집' 1위 게시글을 보면 팔로워는 118명밖에 되지 않는다.

▲ '부평구청맛집' 해시태그 인기 게시물 1위 글과 인스타그램 계정

부평구청맛집 2위 게시글을 올린 사람의 계정도 팔로워는 104명밖에 되지 않는다. 수십만 명에서 수백 만 명에게 영향력을 미치는 메가 인플루언서가 올린다고 해서 인기 게시물에 무조건 노출되지 않을 수도 있고, 수십에서 수백 명의 팔로워 등을 보유한 나노 인플루언서라고 해도 인기 게시물에 노출이 되기도 한다.

▲ '부평구청맛집' 해시태그 인기 게시물 2위 글과 인스타그램 계정

결국 인스타그램 마케팅은 다양하고 많은 인스타 인플루언서를 활용하면 인기 게시물들을 노출시킬 수 있어서 효과적이라고 할 수 있다. 인스타그램의 가장 큰 장점은 팔로워이다. 블로그에도 이웃이 존재하지만 이웃들이 콘텐츠를 구독한다는 개념보다는 블특정 다수의 사람들이 검색해서 콘텐츠를 보는 형태이지만, 인스타그램은 팔로우해서 인플루언서들의 게시물들을 매일 보다 보면 믿음이 생기고, 친숙하게 느끼게 되는 효과를 활용하여 구매전환율이 굉장히 높은 편이다. 최근 신세계 정용진 부회장의 인스타그램 운영이 화제가 되고 있다. 직접 요리를 하고, 일상의 모습을 공유하면서 정용진 부회장 본인뿐만 아니라 기업 이미지에 긍정적인 이미지를 쌓아가고 있다.

▲ 정용진 신세계 부회장 인스타 계정

③ 유튜브 인플루언서의 장점

유튜브는 SNS 중 가장 많이 사용하는 채널이고, 네이버 다음으로 많이 검색하는 채널이다. 일반적으로 구독하는 채널의 영상들을 소비하거나 키워드 검색을 통해 영상 콘텐츠들을 소비하고 있다. 유튜브 이용자들은 한 사람당 평균 9.5개 정도 구독하고 있다. 구독 개수가 10개가 안 된다는 것은 구독자 수를 늘리기가 굉장히 어렵다는 뜻이다. 그만큼 구독자 숫자가 많은 유튜브 인플루언서들의 영향력은 엄청나다. 특히, 유튜브에서 키워드 검색 시 노출에 영향을 미치는 것은 평균지속 시청 시간과 추천된 영상의 클릭률을 의미하는 CTR(Click Through Ratio)인데, 유튜브 인플루언서들의 영상들은 평균지속 시청시간이 길기 때문에 노출도 잘 되는 편이다.

●●● 인플루언서 섭외 실전 비법

매체별 인플루언서의 장단점을 파악하고, 나에게 맞는 인플루언서 채널을 확인했다면 인플루언서를 직접 섭외해 마케팅에 적극 활용해보자. 어떻게 해야 효과적으로 섭외할 수 있을지 매체별로 하나씩 알아보자.

① 블로그 인플루언서 섭외하기

먼저 블로그 인플루언서를 섭외하는 방법을 알아보자. 방법은 크게 두 가지가 있다. 첫 번째는 온드 미디어(Owned Media)를 활용하는 것이다. 내가 운영하는 홈페이지나 브랜드 블로그, 브랜드 페이스북 등에 인플루언서를 모집한다는 공고를 올리는 것이다. 내가 운영하는 온드 미디어(Owned Media)가 활성화되어 있는 경우엔 많은 사람들이 신청하겠지만, 그렇지 않은 경우엔 섭외하기가 어려울 것이다. 그럼 보통 두 번째 방법인 직접 섭외를 한다. 블로거 한 명 한 명에게 직접 쪽지를 보내는 것이다.

예를 들어, 내가 강남에서 음식점을 운영하고 있다고 가정하고 자신과 연관 있는 키워드들을 검색해 보자. 대표적인 키워드인 '강남맛집'을 검색해 메인에 노출된 사람들에게 쪽지를 보내는 것이다.

▲ 네이버에서 '여수맛집' 검색 화면

검색해서 들어간 블로그 프로필에서 쪽지를 클릭하고 섭외 쪽지를 보낸다.

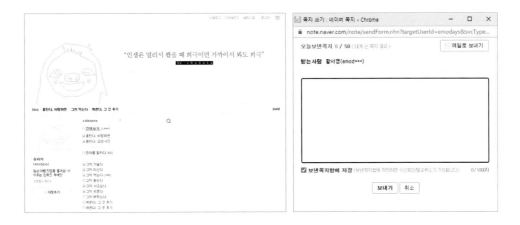

블로그 인플루언서를 섭외할 때는 다음과 같은 사항을 꼭 유의해야 한다.

첫째, 방문자 수는 크게 중요하지 않다. 블로그 인플루언서를 섭외할 때 방문자 숫자에 집착할 필요는 없다. 왜냐하면 블로그는 완전히 검색 기반 SNS이기 때문이다. 예를 들어, 어떤 블로그의 하루 방문자 수가 1만 명이라고 가정하고 이 블로그에는 '강남맛집'으로만 검색해서 들어온다고 가정해보자. 이때 이 블로그를 운영하는 사람에게 리모컨 관련 글을 올려달라고 해서 블로그에 게시하면 사람들은 리모컨 글을 볼까? 대답은 '아니다'이다. 검색해서 들어온 글만 보고 나갈 것이다. 그렇기 때문에 방문자 수는 크게 의미가 없다. '방문자 수가 많은 블로그가 노출이 잘 되는 것 아니냐'라고 말하는 사람들이 많은데, 자신이 원하는 키워드를 검색해서 노출이 잘되는 사람들을 섭외하기 때문에 노출은 다 잘 될 것이다.

두 번째, 이웃의 숫자를 확인하자. 페이스북 친구, 인스타그램 팔로워, 유튜브 구독자처럼 블로그는 이웃이라는 것이 있다. 내가 추가할 수 있는 이웃은 5,000명까지만 가능하다. 그 말은 서로이웃을 설정하는 것이 5,000명까지만 가능하다는 것이다. 서로이웃이 아닌 나를 추가한 이웃이 5,000명이 넘는 사람은 순수한 팬들이 더 많다는 것을 의미한다. 나를 추가한 이웃이 5,000명이 넘는 사람은 많지 않기 때문에 섭외할 때 내가 추가한 이웃보다 나를 추가한 이웃이 많은 사람이나 나를 추가한 이웃이 5,000명이 넘는 사람은 보다 마케팅에 효과적이겠구나라고 참고하면서 섭외하면 좋을 것이다.

▲ 블로그에서 내가 추가한 이웃

▲ 블로그에서 나를 추가한 이웃

세 번째, 섭외 멘트도 중요하다. 네이버 블로그를 운영하면 생각보다 많은 쪽지를 받게 되는데, 모든 쪽지를 다 읽지 않고 골라가면서 읽게 될 것이다. 다음 이미지의 왼쪽과 오른쪽 쪽지함 중에서 읽고 싶은 쪽지가 있는가? 아마 상대적으로 오른쪽 쪽지함을 더 선택해서 보고 싶을 것이다. 명확하게 어떤 제품인지, 어디에 있는지, 어떤 서비스인지 한눈에 보이기 때문이다. 따라서 쪽지 섭외 멘트를 처음에 시작할 때, 안부인사 등으로 시작하는 것보다는 명확하게 어떤 제품인지, 어떤 서비스인지, 어디에 있는지 등의 정보를 클릭하기 전에 확인할 수 있도록 작성하도록 한다.

② 인스타그램 인플루언서 섭외하기

인스타그램도 블로그와 마찬가지로 섭외하는 방법은 크게 두 가지이다. 첫 번째는 블로그 인플루언서처럼 온드 미디어(Owned Media)를 활용하는 것이고, 두 번째는 직접 섭외하는 것이다. 블로그 인플루언서를 섭외할 때 쪽지를 보냈다면 인스타그램에서는 DM이라고 부르는 다이렉트 메시지를 보내는 것이다. 인스타그램도 네이버, 다음, 구글 등 포털과 유튜브 못지않게 사람들이 검색을 통해서 정보를 얻기 때문에 키워드를 검색해서 인기게시물에 있는 사람을 위주로 메시지를 보낸다. 예를 들어, 강남에서 음식점을 운영하고 있다면, 나와 연관 있는 키워드인 '강남맛집'을 검색해서 사람들에게 메시지를 보내는 것이다.

▲ '강남맛집' 해시태그 검색 후 DM 보내기

인스타그램 인플루언서를 섭외할 때 알고 있으면 좋을 팁에 대해 알아보자.

첫 번째, 팔로워 숫자에 속으면 안 된다. 국내 인스타그램 인플루언서 중 약 67% 정도는 가짜라고 한다. 인플루언서의 영향력이 커지면서 인위적으로 팔로워 수를 늘려주는 매크로 프로그램 등이 성행하게 되었다. 그렇다 보니 팔로워 숫자는 많으나 영향력은 없는 인스타그램 인플루언서들이 많이 늘어나고 있다. 인스타그램 인플루언서를 섭외할 때에는 팔로워 수보다는 최근에 올라간 게시글들을 확인하면서 게시글에 달린 좋아요 숫자나 댓글 숫자를 확인하는 것이 좋다. 팔로워 숫자는 10만이 넘는데, 게시글에 좋아요 숫자가 100이라면 가짜 인스타그램 인플루언서인지 의심해봐야 한다. 다음 이미지는 팔로워 수도 4만으로 많고 개별 게시글의 좋아요 또한 2천 개가 넘는다. 이 사용자는 인플루언서로서의 조건을 갖추고 있다고 보고 섭외하면 효과적인 마케팅이 이루어질 수 있을 것이다.

두 번째, 섭외 메시지를 보낼 때 링크를 넣지 말아야 한다. 인스타그램의 메시지함을 보면 블로그 쪽지와 마찬가지로 메시지 내용의 일부가 보인다. 이 메시지의 일부를 보고 읽을 것인가, 읽지 않을 것인가를 결정하게 되는데, 섭외 내용 속에 링크가 들어가 있는 경우 '링크를 공유했습니다'라고 메시지가 나타난다. 그럼 상대적으로 메시지를 받은 인플루언서가 메시지를 읽을 확률이 낮아지게 된다.

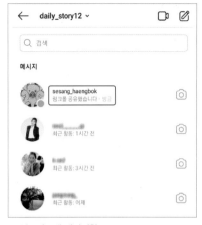
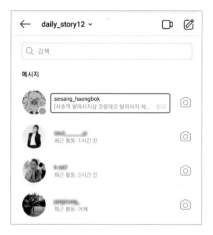

▲ 인스타그램 메시지함

③ 유튜브 인플루언서 섭외하기

유튜브 인플루언서를 섭외하는 방법도 크게 두 가지가 있다. 첫 번째는 MCN을 활용하는 것이다. MCN(Multi Channel Network)이란 보통 유튜브 인플루언서를 위한 기획사 개념으로 '다중 채널 네트워크'를 말한다. 연예기획사에서 소속 연예인을 발굴하여 육성하고 방송활동을 지원해주듯이, MCN은 유튜브 인플루언서들의 콘텐츠를 유통하고 관리하고 광고를 유치하는 일을 한다. 따라서 MCN에 유튜브 인플루언서 섭외 문의를 하면 상대적으로 쉽게 섭외를 할 수 있다.

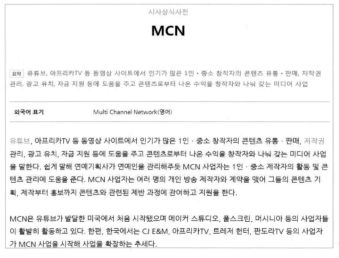

◀ 'MCN'의 의미

▲ 대표적인 MCN회사 DIA TV 홈페이지

두 번째는 유튜브 인플루언서를 직접 섭외하는 것이다. MCN을 이용하면 보다 쉽게 인플루언서를 섭외할 수 있는 반면에 비용이 많이 들어가니 직접 섭외하는 것이다. 유튜브에서는 어떻게 직접 섭외해야 할까? 보통 유튜브 인플루언서들은 채널 정보에 들어가면 섭외 문의 관련 이메일 주소를 남겨 놓는다. 이를 확인하고 이메일로 섭외 문의를 하면 되는데, 인스타그램 메시지나 블로그 쪽지와는 달리 메일은 제목에 '유튜브 섭외 문의'만 들어가 있어도 유튜브 인플루언서들이 빠르게 회신을 준다.

◀ 유튜브 인플루언서의 채널 정보

●●● 인플루언서 관리하기

인플루언서를 섭외했다면 어떻게 관리하고
가이드를 전달해야 할까? 인플루언서에게 가
이드를 전달하고 예약과 관련된 조율을 할 때
는 카카오톡을 활용하는 게 좋다. 쪽지나 DM
은 메시지를 주고받다가 소통이 끊기는 경우
가 많고, 인플루언서 중에는 직장인도 많아
카톡으로 소통하면 보다 원활한 소통이 가능
하다.

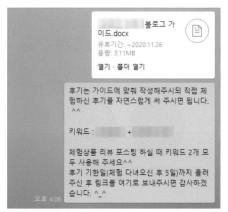

▲ 카카오톡으로 가이드라인 전달

●●● 인플루언서 활용 시 꼭 알아야 할 7가지 팁

① 키워드

인플루언서들에게 기본적인 가이드를 전달할 때 꼭 들어가야 하는 내용이 바로 '키워드'
이다. 대부분의 인플루언서는 콘텐츠를 잘 만들고, 그 콘텐츠가 사람들에게 많이 보이도
록 하는 방법까지 잘 알고 있으므로 걱정할 필요가 없다. 가장 신경 써야 하는 부분은 키
워드이다. 네이버나 다음 등의 포털뿐만 아니라, 유튜브와 인스타그램 또한 검색을 통해
서 정보를 해결하다 보니, 검색하는 단어인 키워드가 무엇보다 중요하다. 사람들이 강
남에 갔을 때 '강남에서 가장 맛있는 곳'이라고 검색하기보다는 '강남맛집'이라고 검색한
다. 따라서 인플루언서에게 키워드를 잘 배분하는 것이 가장 중요하다.

그럼 키워드는 몇 개나 전달하는 것이 적당할까? 블로그는 보통 제목에 키워드가 들어
가야 하는데 1개나 많게는 2개 정도의 키워드면 된다. 유튜브도 제목에 키워드가 들어가
야 하는데 블로그와 마찬가지로 1~2개 정도의 키워드만 전달하는 것이 적당하다. 인스
타그램은 해시태그를 전달하면 되는데, 최대 30개의 해시태그를 넣을 수 있는데 30개의
해시태그를 꽉꽉 채우기보다는 10개 정도의 해시태그만 정해주고, 5개 정도는 자유롭게

넣도록 하는 것이 좋다. 너무 많은 해시태그를 주는 경우 인기 게시물에 노출이 잘 되지 않기 때문에 많이 제시할 필요는 없다. 또, 인플루언서에게 5개 정도는 자유롭게 넣도록 하는 것이 좋은 이유는 요즘 유행하는 해시태그들을 잘 알고 있으므로 트렌드에 맞는 해시태그들이 반영되어 더 효과적일 수 있다.

② 구매링크와 지도

인플루언서의 콘텐츠에 구매 링크와 지도가 들어가는 것이 좋다. 유튜브와 인스타그램은 콘텐츠 내용 속에 지도가 들어가기는 힘들지만, 블로그에는 지도 삽입이 가능하다. 지도가 들어가야 사람들이 위치 정보를 바로 확인할 수 있을 뿐만 아니라 플레이스 리뷰 수가 늘어나기 때문에 효과적이다.

▲ 블로그에 지도 첨부

다음은 구매 링크이다. 인스타그램에서는 게시글이나 댓글에 링크 기능을 사용할 수 없어 URL 주소를 입력해도 일반 텍스트로 인식되어 링크가 걸리지 않는다.

하지만 유튜브와 블로그는 게시물에 링크를 연결할 수 있으므로, 사람들이 콘텐츠를 소비하고 해당 제품에 대한 관심도가 있을 때 바로 링크를 클릭하면 구매가 가능하도록 해 구매 전환율을 높여야 한다.

▲ 인스타그램에 링크 첨부

▲ 블로그에 링크 첨부

③ 적당한 양의 가이드 제시

인플루언서에게 가이드를 전달할 때 분량은 너무 많지 않은 것이 좋다. 자신의 제품이나 서비스에 대한 자세한 정보를 주기 위해 너무 많은 정보를 제공하게 되면, 가이드대로만 콘텐츠를 만들기 때문에 인플루언서의 콘텐츠가 획일화된다. 뿐만 아니라 가이드가 너무 길면 제대로 보지 않는 인플루언서도 많다. 가이드를 보지 않으면 가장 중요한 키워드도 알 수가 없다. 마케팅에서 가장 큰 역할을 하는 키워드를 활용하지 않게 되면 인플루언서를 활용하는 의미가 없다.

④ 상품 또는 브랜드명은 필수로 제시

인플루언서가 콘텐츠에 꼭 포함해야 하는 것이 바로 '브랜드명, 상품명, 회사명'이다. 이를 통해 브랜드 관리가 되기 때문이다. 예로 '이기용'이라는 사람을 더 자세하게 보기 위해서 이기용을 검색하면 나오는 인물 정보를 확인해 보자.

▲ 네이버에서 '이기용' 브랜드명 검색 화면

'모델, 마케팅전문가인 이기용(필자), 전 교육감, 대학교수, 가수'가 나온다. 이기용을 검색했을 때 마케팅전문가 이기용만 나오는 것이 아니라 다른 사람 정보들도 함께 나오게 된다. 인물정보 뿐만 아니라 뉴스나 블로그 여러 사람들의 정보가 많이 나온다. 그럼 이기용에 대해 자세하게 확인하려고 했던 사람들은 자신이 찾아보려고 했던 이기용이 누구인지 확인할 수 없는 상황이 되는 것이다.

그래서 필자는 브랜드명을 이기용이라고 하지 않고 '이기용대표'라고 한다. '이기용대표'라고 검색하면 저자의 정보만 나오기 때문이다. 사람들이 검색할 때 저자의 정보만 집중해서 볼 수 있고, 저자의 활동이나 내역들을 자세하게 보고 문의할 수 있다.

▲ 네이버에서 '이기용대표' 브랜드명 검색 화면

이번에는 다른 쇼핑몰을 예로 들어보자. 핸드메이드 귀걸이를 판매하는 귀걸이 공방 '럽잇'이라는 쇼핑몰이 있다.

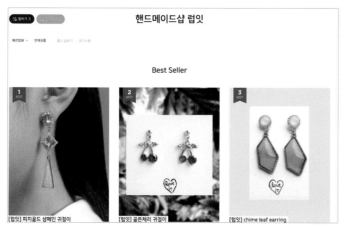

▲ 핸드메이드 귀걸이 '럽잇' 홈페이지

사람들이 블로그나 인스타그램 등에서 핸드메이드 귀걸이를 검색하고 예쁜 귀걸이를 발견해 '럽잇'이라는 곳에서 귀걸이를 구매하기 위해 검색을 했다.

검색창에서 '럽잇'을 검색하면 귀걸이는 나오지 않고, 여성의류 쇼핑몰이 나온다. 대부분의 여성의류 쇼핑몰에서는 귀걸이를 같이 판매하는 경우가 많기 때문이다. 이런 상황을 방지하기 위해 검색 결과에 브랜드명이나 회사명 등이 노출되도록 우리 제품이나 서비스가 나올 수 있는 단어를 확인하고 브랜드 관리를 해야 한다.

▲ '럽잇' 검색 시 네이버쇼핑 영역

⑤ 공정거래위원회 표준 문구

공정거래위원회 표준 문구를 안내하는 것이 좋다. 표준 문구는 '저 ○○○는 위 ○○○ 상품을 추천(보증, 소개, 홍보 등)하면서 ○○○로부터 경제적 대가(현금, 상품권, 수수료, 포인트, 무료제공 등)를 받았음'이라는 문구를 글의 처음이나 마지막에 넣어야 하고 글자 크기나 색을 변경해서 넣어야 한다. 표준 문구를 넣지 않으면 광고주가 벌금을 내야 하므로 안내하는 것이 좋다. 이런 문구가 들어가면 광고글이라는 것이 노출되지만 요즘은 다들 광고글이라는 것을 알면서도 정보를 얻기 위해서 보는 경우가 많기 때문에 양질의 정보를 제공하는 데 목적을 두고 표준 문구는 꼭 넣도록 하자. 인스타그램이나 유튜브 또한 영상이나 글을 통해서 광고라는 사실을 밝혀야 한다.

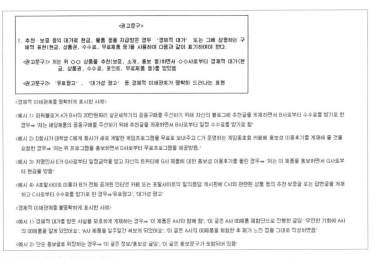

▲ 공정거래위원회 문구 예시

⑥ 예절

인플루언서에게 친절하게 응대하는 것이 좋다. 종종 인플루언서가 '내 제품이나 서비스를 공짜로 받는 건데'라는 생각을 하면서 불친절하게 대하는 경우가 많다. 하지만 인플루언서도 사람이고 소비자이기 때문에 친절하게 응대해야 다음에 직접 구매하기도 하고 진짜 입소문을 내주기도 할 것이다. 고객에게 하는 것보다 친절하면 더 좋지만, 최소한 고객들에게 하는 만큼 친절하게 하자.

⑦ 반복 요청

인플루언서가 콘텐츠를 한번 올렸다면 다시 올리는 게 효과가 있을까? 일부 사장님들 중에는 인플루언서를 활용할 때 블로거나 인스타그래머, 유튜버가 내 제품이나 서비스에 대해 콘텐츠를 만든 후 한 번 더 또 콘텐츠를 만드는 것을 싫어하기도 한다. 하지만 싫어할 이유가 전혀 없다. 보통 소비자들은 해당 콘텐츠만 보고 채널을 나가지, '이 채널에서 같은 콘텐츠를 올린 사람인가?'하고 보지는 않기 때문이다. 때로는 같은 콘텐츠를 올린 적이 있으면 더 신뢰하기도 한다. 한 명의 인플루언서가 내 제품이나 서비스를 또 해 주면 인플루언서 섭외 시간도 절약되므로 내 제품이나 서비스를 여러 번 올리는 것에 대해 거부감을 느낄 필요는 전혀 없다.

CHAPTER
03

키워드 이해하고
인플루언서 제대로 활용하기

인플루언서를 활용하는 채널인 블로그, 유튜브, 인스타그램 모두 검색을 통해 해결하는 SNS이므로 검색하는 단어인 '키워드'가 가장 중요하다. 아무리 좋은 사진, 영상들을 활용해서 콘텐츠를 만들었다 하더라도 사람들이 보지 않으면 무용지물이다. 이번 장에서는 사람들이 검색을 통해 내 SNS에 유입되도록 하기 위한 가장 큰 무기인 '키워드'에 대해 제대로 알고 활용해보자.

●●● 키워드 이해하기

'키워드(Keyword)'는 사람들이 데이터를 검색할 때 특정한 내용이 들어 있는 정보를 찾기 위해 사용하는 단어이다. 예로 우리가 강남에서 음식점을 찾을 때 '강남에서 맛있는 곳'이 아닌 '강남맛집'이라고 주로 검색하는데 이렇게 검색하는 단어를 '키워드'라고 한다. 네이버나 구글, 다음을 비롯한 포털뿐만 아니라 유튜브나 인스타그램에서도 키워드 검색을 통해 정보를 해결하다보니 굉장히 중요한 포인트가 되었다.

●●● 내가 생각하는 키워드 vs 사람들이 찾는 키워드

내가 생각하는 키워드와 사람들이 찾는 키워드는 다를 수 있다. 한 예로, 창원의 에스테틱 브랜드의 주요 고객들은 결혼식을 앞두고 피부 관리를 위해 방문하는 예비신부들이었다. 그러면 이 업체의 홍보 키워드는 '창원웨딩케어'와 '창원신부관리'를 생각할 수 있을 것이다. 하지만 실제로 네이버에서 사람들이 찾아보는 검색량을 확인해 보면 2020년 5월 기준으로 '창원웨딩케어'의 월간 검색 수는 PC에서 10회, 모바일에서 20회로 한 달에 약 30회 정도만 검색이 되었고, '창원신부관리'의 월간 검색 수는 PC에서 10회 미만, 모바일에서 30회로 한 달에 약 40회 정도만 검색되었다. '창원웨딩케어'와 '창원신부관리' 키워드는 하루에 약 1회 정도만 검색되고 있다는 얘기다.

연관키워드 ⑦ ⇕	월간검색수 ⑦	
	PC ⇕	모바일 ⇕
창원웨딩케어	10	20

연관키워드 ⑦ ⇕	월간검색수 ⑦	
	PC ⇕	모바일 ⇕
창원신부관리	< 10	30

이번엔 '창원피부관리'와 '창원에스테틱' 키워드를 확인해 보자. '창원피부관리'의 월간 검색 수는 PC에서 580회, 모바일에서 1,220회로 한 달에 약 1,800회 정도 검색이 되었고, '창원에스테틱'의 월간 검색 수는 PC에서 40회, 모바일에서 250회로 한 달에 약 290회 정도 검색이 되었다.

연관키워드 ⑦ ⬍	월간검색수 ⑦	
	PC ⬍	모바일 ⬍
창원피부관리	580	1,220

연관키워드 ⑦ ⬍	월간검색수 ⑦	
	PC ⬍	모바일 ⬍
창원에스테틱	40	250

이 결과를 보면 예비신부들을 대상으로 하는 업체라 하더라도 '창원웨딩케어'나 '창원신부관리' 키워드보다는 '창원피부관리'나 '창원에스테틱' 키워드를 활용하는 것이 좋다. 이처럼 내가 생각하는 키워드와 사람들이 실제 검색하는 키워드는 다를 수 있기 때문에 키워드를 선정하기 전에 반드시 확인 과정을 거쳐야 한다.(키워드의 조회 수를 확인하는 방법은 p.174에서 확인)

●●● 키워드! 꼭 표준어를 사용해야 할까?

'강남고깃집'과 '강남고기집' 중 표준어는 '강남고깃집'이다. 하지만 네이버에서 '강남고깃집'의 월간 검색 수는 PC에서 230회, 모바일에서 1,310회인 반면, '강남고기집' 월간 검색 수는 PC에서 1,080회, 모바일에서 4,700회이다. 표준어인 '강남고깃집'보다 '강남고기집'을 훨씬 더 많은 사람들이 검색하고 있는 것이다. 표준어를 써야 하는 상황이라면 당연히 표준어를 활용해야겠지만, 표준어라고 해서 사람들이 더 많이 검색하지는 않는다. 특히, 인스타그램에서는 'JMT', '먹스타그램' 등 신조어로 검색하는 경우가 많으므로, 사람들이 검색하는 단어가 '키워드'가 되어야 한다.

연관키워드 ⑦ ⇕	월간검색수 ⑦	
	PC ⇕	모바일 ⇕
강남고깃집	230	1,310

연관키워드 ⑦ ⇕	월간검색수 ⑦	
	PC ⇕	모바일 ⇕
강남고기집	1,080	4,700

다음은 '아이섀도우'를 검색한 결과이다. 외래어 표기에 맞는 것은 '아이섀도'지만 '아이섀도우, 아이쉐도우, 아이셰도우 키워드의 조회 수가 더 높다. 사람들이 가장 많이 찾는 키워드는 아이섀도우이므로 굳이 표준어를 고집할 필요는 없다.

연관키워드 ⑦ ⇕	월간검색수 ⑦	
	PC ⇕	모바일 ⇕
아이섀도	180	560
아이섀도우	1,710	11,200
아이쉐도우	900	5,960
아이셰도우	160	1,150
아이새도우	10	40

●●● 키워드 검색 도구 활용 방법

네이버는 '네이버 광고'라는 사이트에서 사람들이 얼마나 검색하는지에 대해서 월간 조회 수를 확인할 수 있지만 인스타그램과 유튜브는 사람들이 실제로 몇 명이나 검색하는지에 대한 정보를 제공하지 않는다. 물론 몇몇 사이트에서 사람들이 유튜브에서 검색하는 조회 수를 보여준다고 하지만, 검증되지 않은 정보이다. 그럼 유튜브를 활용하거나 인스타그램을 활용할 때는 어떤 키워드들을 활용해야 할까?

사람들은 검색할 때 가장 친숙하다는 이유로 네이버를 많이 활용한다. 키워드도 마찬가지이다. 네이버에서 '강남맛집'으로 검색하고, 인스타그램이나 유튜브에서 '강남에서 가장 맛있는 곳'이라고 검색하지는 않을 것이다. 물론, 인스타그램이나 유튜브는 각 채널별 특성에 따라 검색하는 단어들도 있다. 이건 논외로 하고 모든 매체에 공통으로 적용되는 키워드에 대해 알아보자.

네이버에서 '신혼여행'이라는 단어를 검색하면 자동완성어로 '뉴욕칸쿤신혼여행', '신혼여행패키지', '몰디브신혼여행', '신혼여행지순위', '그리스신혼여행', '신혼여행추천', '신혼여행지 추천'이 나온다.

▲ 네이버에서 '신혼여행' 검색 시 자동완성어

유튜브에서 '신혼여행'이라는 단어를 검색하면 자동완성어로 '신혼여행 브이로그',' 신혼 여행지 추천', '신혼여행 첫날', '신혼여행지', '신혼여행 하와이', '신혼여행 비용', '신혼여 행 발리', '신혼여행 선물', '신혼여행 준비물'이 표시된다. 이 중 '신혼여행 브이로그'라는 키워드처럼 유튜브에서 많이 찾는 브이로그 관련 키워드를 제외하고는 네이버 자동완성 과 비슷한 것을 확인할 수 있다.

▲ 유튜브에서 '신혼여행' 검색 시 자동완성어

인스타그램도 확인해보자. '신혼여행'이라는 단어를 검색하면 자동완성어로 '신혼여행지추천', '신혼여행록', '신혼여행스냅', '신혼여행토퍼', '신혼여행커플룩', '신혼여행추천', '신혼여행지'가 표시된다. 이미지 기반의 SNS인 만큼 '신혼여행스냅'이나 '신혼여행록', '신혼여행커플룩' 등을 제외하고는 네이버와 비슷한 것을 확인할 수 있다.

이렇게 각 채널의 특성에 맞는 몇 가지 키워드를 제외하고 사람들이 검색하는 단어는 비슷하다. 따라서 키워드 선정은 정확한 수치를 확인할 수 있는 네이버 검색량을 기본으로 하는 것이 좋다.

▲ 인스타그램에서 '신혼여행' 검색 시 자동완성어

●●● 내가 진짜 활용해야 하는 키워드는?

사람들이 주로 검색하는 키워드는 '키워드 추출', '키워드 추적', '키워드 추천' 순으로 찾을 수 있다.

① 1단계 : 키워드 추출

처음 키워드를 선정할 때 다양한 키워드를 뽑아 그중에 자신에게 가장 맞는 키워드를 선정해야 한다. 네이버 연관검색어와 자동완성어를 활용하면 효과적인 키워드를 찾을 수 있다. 연관검색어와 자동완성어는 사람들이 검색을 많이 했다는 증거이므로 충분히 활용도가 높다.

- **연관검색어** : 검색어와 연관성이 있다고 판단되는 키워드를 보여주는 기능
- **자동완성어** : 검색어를 모두 입력하지 않아도 자동으로 문장이 완성되는 기능

연관검색어를 활용하여 키워드를 추출해 보자. 네이버 검색창에 '여수여행'을 입력하여 검색하면 연관검색어란에 '여수 여행코스', '겨울 여수여행', '순천 여행', '여수 가볼만한 곳', '여수', '여수 맛집', '여수 호텔', '여수 갈만한 곳', '여수 1박2일 여행', '여수 볼거리' 등이 표시된다. 이는 여수 여행과 관련하여 많은 사람들이 검색했던 단어라는 뜻이기 때문에 충분히 활용도가 높은 키워드가 된다.

※ 연관검색어는 네이버의 하단에서 표시되며 키워드에 따라 표시되지 않는 경우도 있다.

이번에는 더 넓은 범위로 세부 키워드를 추출해 보자. 연관검색어와 자동완성어를 조합하는 방법이다. '여수여행'을 검색하면 자동완성어에 있는 '여수 여행코스' 키워드는 이

미 연관검색어에 있으므로 제외하고 연관검색어에 없는 '여수 여행지', '여수 여행지 추천' 등의 키워드를 추가로 추출할 수 있다.

▲ '여수여행' 자동완성어

만약 연관검색어와 자동완성어가 겹쳐 추출할 키워드가 적을 경우에는 연관검색어나 자동완성어로 만들어진 키워드들을 조합하여 키워드를 추출할 수 있다. 예를 들면 '여수 여행' 키워드에서 연관검색어로 만들어진 '여수 가볼만한곳'을 클릭하면 '여수 맛집', '여수', '순천 가볼만한곳', '여수 예술랜드', '여수 아쿠아플라넷', '여수 오동도', '여수 케이블카', '여수 낭만포차', '여수 향일암', '여수 호텔' 등의 연관검색어가 표시된다. 이 단어들도 좋은 키워드가 될 수 있다. 이렇게 다양한 키워드들을 추출하면 키워드를 찾기 위한 준비 단계인 1단계가 완료된다. 좀 더 자세한 방법은 이후에 설명하겠다.

▲ '여수 가볼만한곳' 연관검색어

② 2단계 : 키워드 추적

키워드 추적은 온라인 유동인구를 파악하는 것이다. 키워드 추출을 통해 키워드들을 다양하게 세팅한 후 키워드 추적을 통해 세팅해 놓은 키워드들을 얼마나 많은 사람들이 찾는지 분석해 보는 방법이다. 네이버 광고(http://searchad.naver.com/) 사이트를 활용하면 사람들이 어떤 키워드로 검색을 하는지 확인할 수 있다. 네이버 광고는 키워드별 월간 검색 수를 제공하기 때문에 필수로 가입해서 활용해야 한다. 월간 검색 수는 최근 한 달간 네이버를 이용하는 콘텐츠 소비자가 해당 키워드를 검색해 본 검색 수로, PC와 모바일의 월간 검색 수를 확인하면 시기별로 소비자들의 관심도를 쉽게 확인할 수 있다.

네이버 검색창에 '네이버광고'를 입력한 후 '네이버 광고' 홈페이지에 접속하거나 주소입력창에 'http://searchad.naver.com'을 입력하여 접속한다.

네이버 검색광고를 활용하기 위해서는 네이버와는 별도로 회원가입을 해야 한다. 사업자 광고주의 경우엔 사업자등록증이 필요하며, 일반 개인은 개인 광고주로 회원가입 후 사용할 수 있다. [신규가입]을 클릭하면 [검색광고 신규 회원가입]과 [네이버 아이디로 신규회원 가입] 두 가지 중 하나를 선택하여 가입할 수 있다.

- [검색광고 신규 회원가입] 클릭 〉 모든 항목 동의 〉 개인 광고주 〉 본인 휴대전화 인증 〉 정보 기입
- [네이버 아이디로 신규 회원] 가입 클릭 〉 모든 항목 동의 〉 개인 광고주 〉 본인 휴대전화 인증 〉 정보 기입

❶ 회원가입이 완료되면 로그인 후 오른쪽 상단의 [광고시스템]을 클릭한다.

❷ [도구]–[키워드 도구]를 클릭하고, 키워드 입력란에 확인하고자 하는 키워드를 입력한 후 [조회하기] 버튼을 클릭하면 PC와 모바일의 월간 검색 수를 확인할 수 있다.

네이버 광고에서는 월간 키워드 검색 수뿐만 아니라 최근 1년간 검색 추이도 확인할 수 있다. 이 자료를 활용해 어떤 키워드를 어떤 시기에 공략해야 효과적인지를 미리 체크하여 준비할 수 있다.

'추석선물' 키워드의 최근 1년간 검색 추이 결과를 살펴보자. 2019년 6월의 월간 키워드 검색 수는 PC 470회, 모바일 700회, 7월의 월간 키워드 검색 수는 PC 2,370회, 모바일 2,910회로 평이하게 검색되다가 8월의 월간 키워드 검색 수는 PC 69,700회, 모바일 125,300회, 9월은 PC 63,200회, 모바일 174,600회로 검색 수가 급증하는 것을 확인할 수 있다.

이 결과를 바탕으로 추석선물과 관련된 키워드를 공략하고자 한다면 막연하게 '추석이 다가오면 검색하겠지'가 아니라 키워드 검색 수가 많아지는 8월 전부터 관련된 키워드 장악을 시작해야 한다는 결론을 내릴 수 있다.

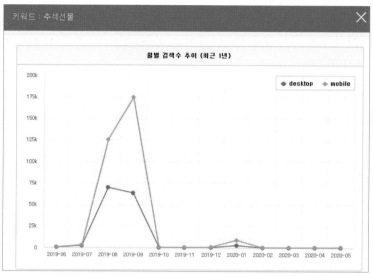

▲ 추석선물 키워드 1년간 검색 추이

③ 3단계 : 키워드 추천

마지막 단계는 해당 키워드가 경쟁이 심한지 확인하는 단계다. 키워드 검색 수가 높다는 것은 그만큼 키워드의 경쟁률이 높다는 것을 의미한다. 그러면 상위 노출이 쉽지 않고, 상위노출이 된다 하더라도 오래 유지하기가 쉽지 않아, 수시로 다시 써야 하는 일이 생길 수 있다. 3단계 키워드 추천은 블로그 인플루언서를 활용할 때만 활용이 가능하고 인스타그램 인플루언서나 유튜브 인플루언서를 활용할 때는 효과가 없다. 따라서 인스타그램과 유튜브의 인플루언서는 2단계 키워드 추적까지만 활용하면 된다.

먼저, 경쟁률이 약한 키워드를 찾아 포스팅하는 것이 좋다. 키워드의 경쟁률은 네이버에서 해당 키워드의 문서량을 보고 판단할 수 있다. '자기계발책'과 '자기계발추천도서'는 모두 자기계발에 관련된 키워드인데 '자기계발책' 키워드는 블로그 총 문서량이 305,689

건이고 '자기계발추천도서' 키워드는 문서량이 27,414건이다. 같은 방향성의 키워드인데 약 11배나 문서량 차이가 난다. 문서량이 많다는 것은 그만큼 해당 키워드의 경쟁률이 높다는 것이다. 따라서 문서량이 11배나 많은 '자기계발책'보다 문서량이 1/11인 '자기계발추천도서'가 상위 노출에 더 효율적이다.

현재 네이버가 개편되면서 블로그 문서량이 표시되지 않지만, 다시 표시될 가능성이 있으므로, 참고해 두었다가 활용하는 것이 좋다.

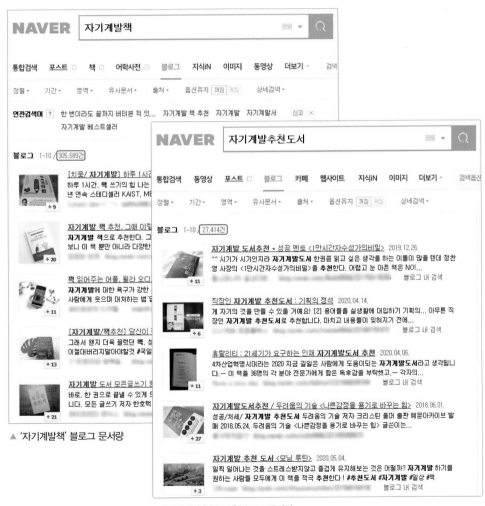

▲ '자기계발책' 블로그 문서량

▲ '자기계발추천도서' 블로그 문서량

두 번째는, 검색 결과에 블로그나 리뷰 영역이 있어야 한다. 사람들은 PC나 모바일에서 검색할 때 블로그나 뉴스, 카페 카테고리에서 확인하기보다 주로 통합 검색에서 정보를 해결한다. 따라서 통합 검색에 블로그와 카페 글이 노출되는 영역이 있는지 확인해야 한다.

▲ 모바일에서 '여수닭갈비' 검색 시 화면

●●● 세부 키워드가 메인 키워드보다 낫다

키워드 추출, 키워드 추적, 키워드 추천을 통해 좋은 키워드를 찾아냈다면 이 키워드를 효과적으로 활용해야 한다.

① 세부 키워드 활용

효과적인 키워드 사용을 위해서는 대표 키워드와 세부 키워드에 대해서 이해해야 한다. 대표 키워드는 가장 많이 검색을 하는 키워드로, 범위가 넓고 조회 수가 많다. 하지만 경쟁이 치열하기 때문에 상위 노출이 쉽지 않은 키워드이기도 하다. 반면 세부 키워드는 대표 키워드의 확장 키워드로, 범위가 좁고 조회 수가 적어 상대적으로 경쟁이 치열하지 않아 상위 노출이 쉽다.

대표 키워드	세부 키워드 1	세부 키워드 2
수저	수저세트	수저선물세트
수저	신혼부부수저	신혼수저세트

② 세부 키워드의 중요성

"강남맛집 VS 강남레스토랑/강남 분위기 좋은 레스토랑"

음식점을 운영하는 분들은 '맛집' 키워드를 굉장히 선호한다. 강남에서 음식점을 운영하는 경우에는 '강남맛집' 키워드만을 고집하는 경우가 많다. 물론 이 키워드의 월간 조회 수는 어마어마하다. '강남맛집'의 경우 PC 월간 조회 수 10,100회, 모바일 월간 조회 수 87,200회로 총 97,300회나 된다. 반면, '강남맛집'의 세부 키워드인 '강남레스토랑'은 PC 월간 조회 수 500회, 모바일 월간 조회 수 3,050회이고, '강남 분위기 좋은 레스토랑' 키워드는 PC 월간 조회 수 140회, 모바일 월간 조회 수 740회 밖에 되지 않는다.

연관키워드 ⑦	월간검색수 ⑦	
	PC	모바일
강남맛집	10,100	87,200
강남레스토랑	500	3,050
강남분위기좋은레스토랑	140	740

▲ 키워드 조회 수 비교

'강남맛집' 블로그 콘텐츠 수는 1,091,462건이고 '강남 레스토랑' 블로그 콘텐츠 수는 218,684건, '강남 분위기 좋은 레스토랑' 블로그 콘텐츠 수는 66,778건이다. '강남맛집'이 '강남레스토랑' 블로그 콘텐츠 수보다 약 5배나 많았고, '강남 분위기 좋은 레스토랑'보다 는 약 16배나 많았다. 이것은 '강남맛집' 키워드는 그만큼 경쟁이 심하기 때문에 노출이 어렵다는 의미이기도 하다. 그리고 '강남맛집' 키워드의 PC 기준으로 통합 검색에서 블로그와 포스트, 카페를 포함한 리뷰영역 노출은 5개뿐이고 모바일도 현재 기준으로 통합 검색에 블로그와 카페를 포함한 VIEW에 5개가 노출 중이다. 약 100만 건의 게시물 중에 5위 안에 들어야 사람들이 많이 보게 된다는 뜻이다.

하지만 '강남맛집'을 검색한 사람들이 꼭 레스토랑을 가고 싶을까? 강남 맛집을 검색한 사람들 중에는 떡볶이를 좋아하는 사람도 있고, 회를 좋아하는 사람도 있고, 고기를 좋아하는 사람도 있다. 그렇기 때문에 5위 안에 내 콘텐츠가 들어간다고 하더라도 실제 구매가 얼마나 일어날지는 알 수 없다. 최악의 경우 한 명도 구매가 이뤄지지 않을 수도 있다. 반대로 '강남레스토랑'이나 '강남분위기좋은레스토랑'을 검색하는 사람들은 레스토랑을 가기 위해서 검색하는 사람들이기 때문에 사진만 잘 찍고 사람들이 방문해보고 싶도록 콘텐츠를 작성한다면 해당 키워드들을 검색하는 사람들을 내 고객으로 만들 수 있을 것이다.

조회 수가 높은 키워드를 활용하는 것이 좋을 수는 있겠지만 상대적으로 노출하기도 힘들고, 광고회사에 의뢰를 한다 하더라도 많은 비용이 들 수 있기 때문에 무조건 고집할 필요는 없다. 세부 키워드들이 마케팅에 더 도움이 될 수 있다는 점을 명심하자.

▲ '강남맛집' 블로그 문서량

▲ '강남 레스토랑' 블로그 문서량

▲ '강남 분위기 좋은 레스토랑' 블로그 문서량

③ 띄어쓰기가 키워드를 나눈다.

띄어쓰기에 따라서도 키워드 검색 결과가 다르게 나타난다. 예를 들어, '부평맛집'과 '부평 맛집'은 다른 검색 결과가 나타난다. 이렇게 동일한 키워드라도 노출되는 순서가 달라질 수 있기 때문에 키워드를 설정하기 전에 미리 네이버에서 검색을 해 보는 과정이 필요하다.

▲ '부평맛집' 키워드 검색
결과

▲ '부평 맛집' 키워드 검색 화면

띄어쓰기를 어떻게 하느냐에 따라서도 블로그 문서량도 다르다. '마포역맛집'의 경우 블로그 문서량이 89,239개인 반면, '마포역 맛집'의 경우 블로그 문서량이 24,776건으로 약 4배 정도가 차이가 난다. '마포역맛집'이라는 콘텐츠를 작성할 때 띄어쓰기를 어떻게 하느냐에 따라서 순위가 달라지는 것은 물론이고, 자신의 콘텐츠가 보이지 않을 수도 있다.

▲ '마포역맛집' 검색 시 블로그 문서량

▲ '마포역 맛집' 검색 시 블로그 문서량

그럼 띄어쓰기 기준은 어떻게 잡아야 할까? 가장 좋은 방법은 자동완성어를 확인하는 방법이다. 자동완성어는 사람들이 많이 찾는 그대로의 키워드로 생성되고, 키워드를 입력하다가 자동완성어가 표시되면 그대로 클릭하는 경우가 많기 때문에 자동완성어로 만들어진 띄어쓰기 그대로의 키워드를 활용하는 것이 좋다.

예를 들어, '강남맛집'을 찾기 위해 '강남'이라고 검색하면 자동완성어는 '강남 맛집'으로 자동완성어가 만들어진다. 그럼 '강남맛집'보다는 '강남 맛집' 키워드가 더 효율적이란 얘기이다. 여기서 주의해야 할 것은 PC와 모바일의 자동완성어 결괏값이 다르다는 점이다. '강남'이라고 검색하면 PC는 '강남에서 맛있는 곳', '강남 맛집', '강남 신세계백화점' 등으로 2번째에 '강남 맛집'이 나오는 데 반해 모바일은 필자가 최근에 검색한 '강남 신세계백화점'을 제외하고 가장 상위에 '강남 맛집'이 노출된다. 모바일과 PC의 자동완성어 결괏값이 다르게 나오므로 내 콘텐츠가 PC에서 많이 찾는 콘텐츠라면 PC 자동완성어를, 모바일에서 많이 찾는 콘텐츠라면 모바일 자동완성어를 반영해야 한다.

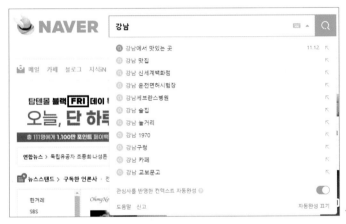

◀ PC에서 '강남' 검색 시 자동완성어

◀ 모바일에서 '강남' 검색 시 자동완성어

MEMO

매출을 확실하게 올려주는
마케팅 바이블

발행일 / 2021년 01월 15일 초판 발행
저 자 / 이 기 용
발행인 / 정 용 수
발행처 / 예문사
주 소 / 경기도 파주시 직지길 460(출판도시) 도서출판 예문사
T E L / 031) 955-0550
F A X / 031) 955-0660
등록번호 / 11-76호

정가 : 14,000원

예문사 홈페이지 http : //www.yeamoonsa.com

ISBN 978-89-274-3775-8 13320

이 도서의 국립중앙도서관 출판예정도서목록(CIP)은 서지정보유통지원시
스템 홈페이지(http://seoji.nl.go.kr)와 국가자료공동목록시스템(http://www.
nl.go.kr/kolisnet)에서 이용하실 수 있습니다. (CIP제어번호:CIP2020049506)